Rezepte für Europa

Kulinarische Spezialitäten aus ganz Europa

gesammelt von der Vertretung der Europäischen Kommission in Luxemburg

Dieses Buch mit Rezepten und kulturellen Beiträgen aus allen Mitglied-staaten der Europäischen Union soll Sie inspirieren, die Vielfalt der ver-schiedenen europäischen Kulturen auf angenehme und unterhaltsame Art kennenzulernen. Natürlich kann ein solches Projekt aber nicht ein spezia-lisiertes Kochbuch aus der jeweiligen Region ersetzen.

Falls Sie sich für Kochbücher aus einer spezifischen Region Europas in-teressieren, können Sie sich bei den von der Vertretung der Kommission zusammen mit den Vertretungen der EU-Mitgliedstaaten und der anderen europäischen Institutionen alljährlich organisierten Veranstaltungen im Detail informieren.

Sofern Sie Anregungen und Fragen zu den hier vorgestellten Rezepten und kulturellen Beiträgen haben, lassen Sie es uns wissen, damit wir die-ses Buch weiterentwickeln und verbessern können.

Und nun, viel Spaß beim Kochen, und guten Appetit!

Vorwort

Nirgendwo zeigt sich die Vielfalt Europas mehr als in unseren kulinarischen Traditionen. Die Entwicklung des Europäischen Binnenmarkts macht es möglich, daß wir heute in vielen Städten in der gesamten Europäischen Union jederzeit selbst die exotischsten Zutaten erhalten können.

Die Europäische Kommission will Sie durch die Herausgabe dieses Buchs inspirieren, einmal die vielfältigen Leistungen und Traditionen anderer europäischer Regionen auf angenehme Weise kennenzulernen, und da ja Liebe bekanntlich durch den Magen geht, lädt sie diese Erfahrung vielleicht auch dazu ein, sich mit den entsprechenden Regionen und ihren Leistungen näher zu beschäftigen.

Viel Spaß beim Nachkochen, und Guten Appetit!

Meglena Kuneva
Mitglied der Europäischen Kommission für Verbraucherschutz

Die Vertretung der Europäischen Kommission in Luxemburg veröffentlichte bereits 2004 eine sehr beliebte Broschüre mit typischen Rezepten aus Luxemburg und aus den neuen Mitgliedstaaten der Europäischen Union. Diese Neuausgabe enthält nunmehr Rezepte aus allen 27 Mitgliedstaaten. Die beliebten Kochsendungen im Fernsehen verdeutlichen, wie wichtig gutes Essen für unsere kulturelle Identität und für unsere Traditionen ist.

Ein gutes Beispiel, wie die Freude am Kochen Menschen aus verschiedenen Kulturen verbindet, ist die griechische Kochsendung „Nistikó arkoúdi" (abgeleitet von der Redensart: „Νηστικό αρκούδι δεν χορεύει": Hungrige Bären tanzen nicht). Seit 2004 wird diese Sendung über Satellit und Kabel ausgestrahlt und ist bei Zuschauern aus aller Welt beliebt.

Viel Vergnügen mit diesen Gerichten aus allen Teilen der Europäischen Union, und wenn diese Initiative Ihr Interesse geweckt hat, würden wir uns freuen, wenn Sie uns für zukünftige Publikationen weitere geeignete Rezepte mitteilen.

Panayotis Carvounis
Stellvertretender Generaldirektor, Generaldirektion Kommunikation

Inhaltsverzeichnis

Inhaltsverzeichnis

Inhaltsverzeichnis

Hauptgerichte | Seite

Inhaltsverzeichnis

Inhaltsverzeichnis

Abendessen in der Familie (Mitte) mit Vorbereitungsarbeiten in Küche (rechts) und Weinkeller (links). Relief auf der Igeler Säule *(keltisch-römisch, entstanden um 180 n.Chr., UNESCO-Weltkulturerbe)*.

Inhaltsverzeichnis

Inhaltsverzeichnis

Nachspeisen   Seite

Alphabetisches Inhaltsverzeichnis   Seite

Inhaltsverzeichnis

Inhaltsverzeichnis

Hinweise und Verzeichnis der Abkürzungen bei Mengenangaben:

Mengenangaben in diesem Buch sind, wo immer möglich, in Kilogramm (kg) oder in Gramm (g).

Sonstige Angaben sind:

EL	Eßlöffel (ca. 30 g)
l	Liter
ml	Milliliter (1000 ml = 1 l)
Msp.	Messerspitze (ca. 3-5 g)
Pr.	Prise (ca. 1-2 g)
TL	Teelöffel (ca. 10-15 g)

1 Flasche Wein = 750 ml, wenn nicht anders angegeben.
1 Handvoll = ca. 80 ml.

Zur Beachtung:

Temperaturangaben beziehen sich auf Elektroherde ohne Umluft. Bei Umluftbetrieb und bei Gasherden sind die Temperaturen ggf. anzupassen.

Angaben über Fettzugaben sollten möglichst eingehalten werden, da Fett auch ein Geschmacksträger ist. Die Verminderung der Fettzugabe beeinflußt deshalb den Geschmack der Gerichte.

Demgegenüber sind die angegebenen Zuckermengen bei vielen Gerichten relativ großzügig. Außer bei Gelierzucker kann deshalb bei den meisten Gerichten die zugegebene Zuckermenge variiert werden.

Inhaltsverzeichnis

Kultureller Teil   Seite

Hinweis:

Die weiteren Artikel (Tschechische Republik, Irland, Zypern, Ungarn, Österreich, Portugal, Rumänien, Slowenien und Slowakei) befinden sich aus Platzgründen im zweiten Band dieses Buchs.

Inhaltsverzeichnis

Inhaltsverzeichnis

Inhaltsverzeichnis

Inhaltsverzeichnis

Inhaltsverzeichnis

Inhaltsverzeichnis

Inhaltsverzeichnis

Inhaltsverzeichnis

Inhaltsverzeichnis

Rezepte für Europa
Kulinarischer Teil

Rezepte für Europa

Rezepte für Europa

Kulinarischer Teil

 Estland

Fischröllchen vom marinierten Ostseehering
(Praetud räimed maarinadis)

Zutaten

- ▶ 1 kg frische Ostseeheringe[1]
- ▶ 50 g Meersalz
- ▶ 3 Eier
- ▶ 3 EL Milch
- ▶ Mehl, Öl zum Braten

Für die Marinade:

- ▶ 1 Liter Wasser
- ▶ 2 kleine Karotten
- ▶ 2 kleine Zwiebeln
- ▶ 6 Pfefferkörner
- ▶ 5 Pimentkörner
- ▶ 2 Lorbeerblätter
- ▶ 50 g Zucker
- ▶ 20 g Salz
- ▶ 50 g Essigessenz (30%)

Beilagen: Rote Zwiebeln, Brot, grüner Salat, Dill.

---

1   Neben dem normalen Hering (Clupea harengus) kommt in der salzarmen nördlichen und östlichen Ostsee eine kleinere Unterart vor, der Strömling oder Ostseehering (Clupea harengus membras). Stattdessen können Sie normale grüne Heringe verwenden.

Zubereitung

Fische putzen, mit dem Meersalz einreiben und zugedeckt einige Stunden ziehen lassen. Danach werden die Fische filettiert. Kleine Fische können ganz verwendet werden, größere Fische werden halbiert.   .....

Vorspeisen

 **Estland**

Fischröllchen vom marinierten Ostseehering
(Praetud räimed maarinadis)

Zubereitung

Eier und Milch werden verquirlt, die vorbereiteten Fischfilets werden durch die Masse gezogen, in Mehl gewälzt und in wenig Öl goldgelb gebraten.

Die gebratenenen Fischfilets werden vom Kopfende aus aufgerollt und mit einem Holzspieß fixiert. Für die Marinade Wasser mit Salz und Zucker sowie mit den in Scheiben geschnittenen Karotten und mit den fein gewürfelten Zwiebeln aufkochen. Gegen Ende der Garzeit Pfefferkörner, Lorbeer und Piment zugeben und weitere fünf Minuten kochen. Die Marinade vom Feuer nehmen und den Essig einrühren.

Die Fischröllchen zusammen mit den Zwiebelstücken und den Karottenscheiben in Einmachgläser füllen und mit der restlichen Marinade übergießen. Verschließen und zwei Tage ziehen lassen.

Alternativ kann man die rohen Fischfilets aufrollen, kurz in der heißen Marinade aufkochen und direkt zusammen mit der Marinade in Einmachgläser füllen (Marineeritud räimerullid).

Serviervorschläge

Die Fischröllchen auf Brot[1] und grünen Salatblättern anrichten und mit roten Zwiebelringen und Dill garnieren.

Dazu trinkt man Bier und estnischen Wodka von der Insel Ösel (Saaremaa).

---

1   In Estland nimmt man hierzu entweder Vollkornbrotscheiben oder Scheiben von Roggenbrot, das in Estland mit Kümmel verbacken wird (rukkileib).

Vorspeisen

# Estland

Estnischer Rhabarberkuchen
(Muretaignakook rabarberitega)

Zutaten

Mürbeteig:

- ▶ 500 g Mehl
- ▶ 200 g Zucker
- ▶ 1 TL Backpulver
- ▶ 1 TL Salz
- ▶ 200 ml Sonnenblumenöl
- ▶ 1 Ei

Belag:

- ▶ 400 g Schichtkäse
- ▶ 250 ml Schmand (saure Sahne)
- ▶ 200 g Zucker
- ▶ 2 EL Speisestärke
- ▶ 3 Eier
- ▶ gemahlener Zimt
- ▶ 1 kg Rhabarber

Zubereitung

Mehl, Backpulver, Salz und Zucker werden gemischt und mit dem Öl und dem Ei zu einem glatten Teig verarbeitet, den man eine halbe Stunde ruhen läßt, bevor man ihn auf einem bemehlten Küchentisch ausrollt und damit den Boden und die Wände einer gefetteten Springform belegt.

Der Rhabarber wird geputzt und in Stücke geschnitten. Schichtkäse, Schmand, Speisestärke, die Eier und die Hälfte des Zuckers werden gemischt, danach werden die Rhabarberstücke untergehoben, und die ganze Masse wird in die mit Teig belegte Kuchenform gefüllt und mit dem restlichen Zucker und reichlich Zimt bestreut.

Anschließend wird der Kuchen etwa 45 Minuten im auf 200 °C vorgeheizten Ofen gebacken.

Außerhalb der Rhabarberzeit kann man den gleichen Kuchen mit Äpfeln zubereiten.

Nachspeisen

Nachspeisen

 **Estland**

Blechkuchen mit Schichtkäse
(Kohupiima plaadikook)

Zutaten

Teig:

- ▶ 200 g Margarine
- ▶ 250 g Mehl
- ▶ 4 EL Zucker
- ▶ 2 Eier
- ▶ 1 Prise Salz

Belag:

- ▶ 1 kg Schichtkäse
- ▶ 6 Eier
- ▶ 400 g Zucker
- ▶ 400 ml Schmand (saure Sahne)
- ▶ 1 Päckchen Vanillinzucker
- ▶ abgeriebene Schale einer Zitrone
- ▶ 200 g Rosinen

Zubereitung

Für den Teig werden Margarine und Zucker zu einer homogenen Masse verarbeitet, danach werden die Eier einzeln eingearbeitet, und zum Schluß werden Mehl und Salz eingearbeitet, bis ein glatter Teig entsteht. Man läßt den Teig 30 Minuten ruhen, bevor man ihn auf einem bemehlten Küchentisch ausrollt und auf einem mit gefettetem Backpapier ausgekleideten Backblech verteilt.

Für die Quarkfüllung trennt man Eigelb und Eiweiß. Die 6 Eigelb werden dann mit dem Zucker schaumig geschlagen. Anschließend arbeitet man in diese Masse die anderen Zutaten bis auf das Eiweiß ein. Das Eiweiß wird steif geschlagen und vorsichtig unter die Schichtkäsemasse gehoben. Die fertige Masse wird dann auf dem Teig verteilt.

Der Kuchen wird nun im auf 200 °C vorgeheizten Ofen gebacken bis der Belag goldgelb ist (ca. 35-40 Minuten). Man läßt den Kuchen auskühlen und schneidet den Kuchen vor dem Servieren in Portionsstücke.

 Bulgarien

Tarator (Kalte Gurkensuppe)
(Tapamop - Tarator)

Zutaten

- ► 2 geschälte und gehackte Salatgurken
- ► ½ Liter Joghurt
- ► ½ Liter Wasser
- ► 1-2 EL Oliven- oder Sonnenblumenöl
- ► 4 feingehackte Knoblauchzehen
- ► 50 g gehackte Walnüsse
- ► gehackte glattblättrige Petersilie
- ► Salz, Pfeffer
- ► Zitronensaft

Zubereitung

Der Joghurt wird mit den Gurkenstücken, dem Knoblauch, den Walnüssen, dem Salz und dem Öl gründlich verrührt. Danach gibt man langsam unter ständigem Rühren das Wasser dazu und schmeckt alles mit Pfeffer und Zitronensaft ab.

Tarator wird vor dem Essen mindestens 2 Stunden gekühlt. Er wird direkt vom Kühlschrank auf den Tisch gebracht und mit etwas Petersilie angerichtet.

Vorspeisen

 **Bulgarien**

Auberginen mit Paprika
(Айвар - Aivar)

Zutaten

- ▶ 3 rote Paprikaschoten
- ▶ 2 mittelgroße oder 3 kleine Auberginen
- ▶ Oliven- oder Sonnenblumenöl
- ▶ 4-5 Knoblauchzehen
- ▶ 50 g schwarze Oliven
- ▶ Tomaten zum Garnieren
- ▶ 1 Bund glattblättrige Petersilie
- ▶ Salz, Pfeffer
- ▶ Zitronensaft

Zubereitung

Paprikaschoten und Auberginen werden geputzt und gewürfelt und in einer Pfanne in etwas Öl kräftig angebraten. Wenn das Gemüse angebraten ist, wird die Temperatur reduziert.

Knoblauch, Oliven und Petersilie werden gehackt und mit etwas Öl angemacht. Dann wird diese Masse unter das Gemüse gemischt, das anschließend mit Salz, Pfeffer und Zitronensaft abgeschmeckt wird.

Man läßt das Gericht durchziehen, nimmt es vom Feuer und serviert es garniert mit Tomatenscheiben und gehackter Petersilie und mit etwas Öl begossen. Man kann das Gericht als Vorspeise servieren oder als Beilage zu Fleischgerichten verwenden. Wenn man das Gericht als Vorspeise serviert, kann man es durch Zugabe einer Handvoll gehackter Walnüsse verbessern.

 Bulgarien

Kürbiskuchen
(Тиквеник - Tikvenik)

Zutaten

► 1 kg Kürbisfleisch
► 150 g Walnußkerne
► 100 g Zucker
► 1 Packung Blätterteig (250 g)
► Oliven- oder Sonnenblumenöl, Nelken

Zubereitung

Das Kürbisfleisch wird geschält und entkernt[1] und in grobe Würfel geschnitten. Dann setzt man die Kürbiswürfel mit wenig Wasser und einigen Nelken auf und bringt sie zum Kochen. Sobald das Wasser kocht, reduziert man die Hitze und läßt die Kürbisstücke auf kleiner Flamme unter gelegentlichem Umrühren zu Brei verkochen.

Die Masse wird danach in einen anderen Topf geseiht, mit dem Zucker und den gehackten Walnüssen gemischt, kurz aufgekocht und anschließend zur Seite gestellt.

Den Boden einer gefetteten Backform belegt man mit der Hälfte des Blätterteigs, wobei man nach jeder Lage den Teig mit wenig Öl bepinselt. Anschließend verteilt man die Kürbismasse auf dem Teig und füllt danach den restlichen Blätterteig ein wie zuvor. Zuoberst kommt etwas Öl.

Der Kürbiskuchen wird im auf 220 °C vorgeheizten Backofen goldgelb gebakken (ca. 20-25 Minuten). Wer will kann den Blätterteig nach der Hälfte der Backzeit noch mit ein wenig Puderzucker bestreuen. Sobald der Kuchen abgekühlt ist, wird er in Portionen geteilt und mit Schlagsahne serviert.

---

1   In Bulgarien und in Griechenland ist es üblich, die gereinigten Kürbiskerne in Öl zu rösten, abzutropfen und zu salzen. Danach kann man sie wie Pistazien oder wie Sonnenblumenkerne als Snack verzehren (meist ungeschält).

 **Bulgarien**

Bulgarische Bohnensuppe
(Боб чорба - Bob chorba)

Suppen

Zutaten

- ▶ 500 g weiße Bohnen
- ▶ je 1 rote, gelbe und grüne Paprikaschote
- ▶ 1-2 Karotten
- ▶ 1 Zwiebel
- ▶ 1 EL Speisestärke
- ▶ 1 EL Paprikapulver
- ▶ eine Handvoll Minze
- ▶ Salz, Pfeffer, Sonnenblumenöl

Zubereitung

Die Bohnen werden über Nacht in kaltem Wasser eingeweicht. Am folgenden Tag werden die gereinigten Bohnen und das geputzte und gewürfelte Gemüse mit Wasser bedeckt und mindestens zwei Stunden gekocht.

Anschließend erhitzt man in einer Pfanne etwas Sonnenblumenöl, nimmt die Pfanne vom Feuer, rührt das Paprikapulver und die Speisestärke ein und läßt die Masse kurz aufkochen. Man löscht mit etwas Bohnenbrühe ab, verrührt die Mehlschwitze bis sich die Stärke klumpenfrei aufgelöst hat und rührt diese Masse dann in die Bohnensuppe, um sie anzudicken.

Man schmeckt die Suppe mit Salz und Pfeffer ab, bringt sie zum Kochen, reduziert die Hitze und läßt die Suppe durchziehen. Nach etwa 5 Minuten gibt man die gereinigten und in nicht zu kleine Stücke geschnittenen Blätter der Minze zu[1] und läßt die Suppe noch 5 Minuten durchziehen, bevor man sie mit etwas frischer Minze bestreut serviert.

---

[1] Die Minzblätter müssen unbedingt von Hand geschnitten werden, da im Mixer die ätherischen Öle verloren gehen. Wenn möglich, verwendet man orientalische (Nene-) Minze, da sie ein stärkeres Aroma hat als europäische Minze.

 # Großbritannien

Schottische Sahne-Himbeercreme
(Raspberry Cranachan)

Zutaten

- ▶ 500 ml Schlagsahne
- ▶ 4 EL Zucker
- ▶ 120 g Haferschrot (Medium oatmeal)
- ▶ 500 g Himbeeren
- ▶ 3 EL Whisky
- ▶ Minzblätter als Dekoration

Zubereitung

Schlagsahne mit dem Zucker leicht anschlagen. Sie darf nicht vollkommen steif werden. Den Haferschrot in einer trockenen Pfanne auf dem Herd anrösten. Er soll trocknen, darf aber nicht dunkelbraun werden. Man läßt den Haferschrot abkühlen und hebt ihn dann vorsichtig mit dem Whisky unter die Sahne-Joghurtmasse.

Die Himbeeren werden gereinigt und gewaschen. Anschließend werden die Himbeeren unter die Masse gehoben, die dann in Gläser gefüllt und vor dem Servieren im Kühlschrank gekühlt wird. Als Dekoration verwendet man etwas Haferschrot, einige Himbeeren und Minzblätter.

Wichtig:

1. Man kann die Hälfte der Sahne durch griechischen stichfesten Sahnejoghurt (10% Fett) ersetzen. In diesem Falle wird die Zuckermenge auf 3 EL reduziert.
2. Schottisches Oatmeal gibt es in Spezialgeschäften. Das Gelingen des Gerichts hängt entscheidend von der Qualität des verwendeten Haferschrots ab.
3. Zu diesem Gericht eignen sich sehr gut tiefgefrorene Himbeeren, die man aber gut abtropfen lassen muß, damit das Gericht nicht wässrig schmeckt.

Nachspeisen

 # Großbritannien

Schottische Räucherfischsuppe
(Cullen Skink)

Zutaten

- ▶ 500 g Räucherfisch (Kabeljau oder Heilbutt)
- ▶ 4 festkochende Kartoffeln
- ▶ 1 Liter Milch
- ▶ 1 große Zwiebel oder 3 kleine Lauchstangen
- ▶ 2 Lorbeerblätter
- ▶ Pfeffer

Zubereitung

Der Räucherfisch wird am Stück zusammen mit den Lorbeerblättern in der Milch gekocht. Damit die Milch nicht anbrennt, kann ein Teil der Milch durch Hühnerbrühe ersetzt werden. Nach 15 Minuten nimmt man den Fisch heraus, entfernt Haut und Gräten und schneidet ihn in nicht zu kleine Stücke.

Zwiebel bzw. Lauch werden geputzt und in kleine Stücke geschnitten. Die Kartoffeln werden geschält und gewürfelt, wobei man eine Kartoffel in große Stücke schneidet. Die Gemüse werden im Fischsud gekocht. Wenn sie gar sind, trennt man die Gemüse vom Sud und stellt die großen Kartoffelstücke beiseite. Das restliche Gemüse wird püriert und mit dem Fischsud aufgegossen. Man gibt die verbleibenden Kartoffeln und den Fisch dazu, schmeckt mit Pfeffer ab und wärmt das Gericht durch. Es ist wichtig, das der Sud jetzt nicht mehr kocht, da er sonst gerinnt. Falls man vorher die Milch mit Brühe verdünnt hat, kann man zum Schluß noch ein wenig flüssige Sahne einrühren.

 **Großbritannien**

Englischer Lammeintopf
(Lancashire Hot Pot)

Zutaten

- ▶ 800 g Lammschulter
- ▶ 2 Hammelnieren
- ▶ 500 g Kartoffeln
- ▶ 250 g Zwiebeln
- ▶ 25 g Butter
- ▶ Salz, Pfeffer, 150 ml Rinderbrühe

Zubereitung

Die Lammschulter wird entbeint, von überschüssigem Fett befreit und in Stükke geschnitten. Man entfernt die Haut und die weißen Teile der Nieren und schneidet das verbleibende Fleisch in Stücke. Anschließend werden die Nieren gewässert, wobei das Wasser mehrfach gewechselt wird.

Die Kartoffeln werden geschält und in Scheiben geschnitten, die Zwiebeln werden geputzt und in Stücke geschnitten.

In einen feuerfesten Topf füllt man eine Lage Kartoffelscheiben, darauf gibt man Lammfleisch, Nieren und Zwiebeln und würzt mit Salz und Pfeffer. Die Masse bedeckt man mit einer Lage sich leicht überlappender Kartoffelscheiben, gießt mit Brühe auf und bestreicht die Kartoffelscheiben mit der erwärmten Butter.

Das Gericht wird anschließend im auf 180 °C vorgeheizten Backofen im geschlossenen Topf etwa 75 Minuten gegart. Dann nimmt man den Deckel ab und gart das Gericht weitere 30 Minuten oder bis die Kartoffeln goldbraun werden.

Hauptgerichte

Nachspeisen

 **Großbritannien**

Englischer Fruchtpudding
(Summer pudding)

Zutaten

- ▶ 4 große Scheiben entrindetes Weißbrot
- ▶ 100 g Zucker
- ▶ 75 ml Wasser
- ▶ 700 g Gartenfrüchte[1]
- ▶ Minzblätter als Dekoration

_____

[1] Erdbeeren, Stachelbeeren, Kirschen, Rhabarber, schwarze oder rote Johannisbeeren

Zubereitung

Das Brot wird in Streifen geschnitten. In einem Topf werden Zucker und Wasser unter ständigem Rühren auf kleiner Flamme erhitzt, bis sich der Zucker aufgelöst hat. Die gereinigten und gewaschenen Früchte und der in Stücke geschnittene geputzte Rhabarber werden zu dieser Masse gegeben und etwa 7-10 Minuten gekocht (Stachelbeeren und schwarze Johannisbeeren benötigen u.U. eine etwas längere Kochzeit).

Anschließend stellt man eine geringe Menge Saft und Früchte beiseite und füllt die Hälfte des verbleibenden Früchtekomotts in eine mit Brotstreifen ausgekleidete Puddingform. Die Masse bedeckt man mit weiteren Brotstreifen, füllt das restliche Fruchtkompott ein und deckt das Ganze mit den verbleibenden Brotstreifen ab.

Die Puddingform wird mit einem Deckel oder mit einem Teller abgedeckt, den man beschwert, damit die Masse luftdicht abgeschlossen ist. Nachdem die Masse abgekühlt ist, stellt man die Puddingform über Nacht in den Kühlschrank.

Am nächsten Tag stürzt man die Masse auf einen Teller und bestreicht trockene Stellen mit dem beiseite gestellten Saft. Vor dem Servieren richtet man den Pudding mit den restlichen Früchten und etwas Minze an.

 # Frankreich

Gestürzte Apfeltorte
(Tarte Tatin)

Zutaten

Füllung:
- ► 1 kg Äpfel zum Backen (Reinette)
- ► 120 g Puderzucker
- ► 100 g Butter

Mürbeteig:
- ► 250 g Mehl
- ► 125 g Butter
- ► 1 Eigelb
- ► 25 g Zucker
- ► Wasser, Salz

Zubereitung

Kleine zum Backen geeignete Äpfel werden geschält, in der Mitte halbiert, und das Kerngehäuse wird vorsichtig entfernt. Eine hohe Springform wird mit 80 g Butter dick eingefettet. Darauf streut man die Hälfte des Puderzuckers und füllt dann die Äpfel möglichst dicht mit der Schnittfläche nach unten ein. Da der Teig erst zum Schluß auf den Kuchen kommt, sollten die Apfelhälften alle möglichst gleich hoch sein. Auf die Äpfel streut man den Rest des Zuckers. Zuoberst kommen Flöckchen der restlichen Butter. Die Kuchenform wird auf einer heißen Herdplatte erhitzt, damit der Zucker zu karamelisieren beginnt. Sobald der Zucker die Farbe wechselt, nimmt man die Kuchenform vom Feuer. Zwischenzeitlich hat man den Mürbeteig[1] dünn ausgerollt und legt ihn nun auf die Torte, wobei man auch seitlich den Rand entlang Teig einfüllt. Die Torte kommt dann für 15 Minuten in den auf 225 °C vorgeheizten Backofen. Danach reduziert man die Hitze auf 180 °C und läßt die Torte noch weitere 20 Minuten fertigbacken.

Die Torte schmeckt wunderbar mit saurer Sahne aus der Normandie (crème épaisse), obwohl das Gericht nicht aus der Normandie stammt sondern aus dem Orléanais. Diese traditionelle Torte wurde benannt nach den Schwestern Caroline und Stéphanie Tatin, die Ende des 19. Jahrhunderts in Lamotte-Beuvron bei Orléans ein Restaurant betrieben. Traditionell wird diese Torte noch ofenwarm gegessen.

---

1 Für den Teig wird auf dem Küchentisch das Mehl aufgehäuft, die leicht erwärmte Butter zugegeben und gut mit dem Mehl verknetet. Man macht eine Vertiefung in den Teig, gibt den Zucker, das Eigelb und eine Prise Salz hinzu und verarbeitet alle Zutaten zu einem glatten Teig. Soweit nötig gibt man sehr wenig lauwarmes Wasser zu, damit sich der Teig besser verarbeiten läßt. Der fertige Teig wird mit einem Handtuch bedeckt und muß vor dem Backen mindestens 30 Minuten, besser 1 Stunde ruhen.

Nachspeisen

 # Frankreich

Linsensalat mit warmem Ziegenkäse
(Salade de lentilles au chèvre chaud)

Vorspeisen

Zutaten

- ▶ 250 g Linsen
- ▶ 2 Knoblauchzehen
- ▶ 200 g Karotten, 150 g Zwiebeln, Sellerie, Lauch
- ▶ Salz, Pfeffer, krause Petersilie
- ▶ 4 runde Ziegenkäse (Crottin)
- ▶ 4 Scheiben Roggenbrot
- ▶ Weinessig, Walnuß- oder Traubenkernöl

Zubereitung

Die Linsen werden am Vortag in kaltem Wasser über Nacht eingeweicht, wobei das Einweichwasser mehrfach gewechselt wird. Am folgenden Tag wird das Gemüse geputzt, und man setzt die gewaschenen Linsen, die in Scheiben geschnittenen Karotten, die kleingeschnittenen Zwiebeln, wenig Lauch und Sellerie mit der dreifachen Menge Wasser auf und bringt die Mischung zum Kochen. Nach wenigen Minuten reduziert man die Hitze und kocht das Ganze im geschlossenen Topf auf kleiner Flamme etwa eine Stunde. Die fertigen Linsen werden gut abgetropft. Wenn die Linsen ganz kalt geworden sind, fügt man Vinaigrette aus mildem Weinessig, wenig Walnuß- oder Traubenkernöl, Salz und Pfeffer zu. Falls nötig gibt man eine Prise Zucker zu.

Die Käselaiber werden in jeweils zwei Scheiben geschnitten, auf je einer Scheibe Brot kurz gegrillt und mit frischem Pfeffer gewürzt[1].

Der Linsensalat wird auf Portionstellern angerichtet und mit etwas gehackter Petersilie bestreut. Darauf gibt man den warmen Käsetoast, dekoriert mit etwas Petersilie und serviert das Gericht sofort.

1 Man kann den Käse vor dem Grillen zusätzlich mit Rosmarin bestreuen und anschließend vor dem Pfeffern noch heiß mit etwas Honig bestreichen. Dies verstärkt sehr gut den süß-sauren Geschmack dieses Gerichts.

 **Frankreich**

Rindfleisch in Orangensauce
(Mitonnée à l'orange)

Zutaten

- ▶ 1,5 kg Rindfleisch zum Braten
- ▶ 2 Flaschen Burgunderwein
- ▶ 2 kg Orangen
- ▶ 80 g Butter
- ▶ Lorbeerblätter
- ▶ Pimentkörner
- ▶ Cayennepfeffer
- ▶ Salz, Pfeffer

Zubereitung

Das Rindfleisch wird in größere Stücke geschnitten ("mitonner" im Französischen) und mit den Lorbeerblättern und einer Handvoll Pimentkörnern in einen Kochtopf gelegt und dann mit dem Rotwein bedeckt. Man bringt den Rotwein ganz langsam zum Kochen, damit der Fleischsaft nicht die Poren verklumpt und kocht das Fleisch auf kleiner Flamme etwa eine halbe Stunde.

Dann nimmt man das Fleisch aus dem Topf und tropft es gut ab, bevor man es in der heißen Butter scharf anbrät. Man würzt mit Salz, Pfeffer und Cayennepfeffer und brät die in ganz dünne Streifen geschnittene Haut einer halben Orange mit an. Sobald das Fleisch angebraten ist, löscht man mit dem Saft der Orangen ab und läßt den Saft fast vollkommen verkochen, ebenso die Kochbrühe vom Kochen des Fleisches. Man muß darauf achten, daß die gesamte Flüssigkeit fast völlig verkocht, daß aber das Fleisch nicht anbrennt. Das ergibt eine wunderbare Sauce.

Man serviert das Gericht mit körnigem Reis und Rotwein.

Hauptgerichte

Frankreich

Schinken in Portweinsauce
(Jambon au porto)

Zutaten

- 8 Scheiben gekochter Schinken
- 500 ml süße Sahne
- 1 EL Speisestärke
- 1 kleine Dose Tomatenmark
- 1 Dose kleine Champignons
- 100 ml Portwein
- geriebener Gruyèrekäse

Zubereitung

Im Wasserbad unter ständigem Rühren Sahne, Stärke und Tomatenmark binden lassen, danach den Portwein und die Pilze mit Flüssigkeit hinzufügen.

Die Schinkenscheiben (nicht zu dünn, sonst brechen sie) einzeln in eine feuerfeste Form legen, mit dem Käse füllen, mit Sauce begießen und einzeln aufrollen.

Schließlich wird der Rest der Sauce über die Schinkenrollen gegossen.

Anschließend wird das Gericht bei mittlerer Hitze 20-30 Minuten überbakken (eher länger). Man serviert es mit Reis und mit einem guten Weißwein aus Savoyen oder aus der Schweiz (z.B. Aprémont oder Fendant).

Hauptgerichte

 **Deutschland**

Linsen, Spätzle und Saiten

Zutaten

Für die Linsen:

► 250 g Linsen
► 150 g durchwachsener Speck
► 1 Zwiebel
► 2 Knoblauchzehen
► 1 Lorbeerblatt
► Öl, Salz, Pfeffer (Essig, Zucker)

► 4 Paar Saitenwürstchen

Für die Spätzle:

► 500 g Mehl
► 4-5 Eier
► 1 TL Salz
► lauwarmes Wasser

Zubereitung

Die Linsen werden über Nacht in kaltem Wasser eingeweicht. Am folgenden Tag werden die gereinigten Linsen mit Wasser bedeckt und mit den geschälten Knoblauchzehen und dem Lorbeerblatt eine Stunde gekocht. Währenddessen wird der Speck in Würfel geschnitten und mit der gehackten Zwiebel in wenig Öl angedünstet.

Diese Masse wird zu den Linsen gegeben, die mit Salz und Pfeffer abgeschmeckt und anschließend weitere 15 Minuten gekocht werden. Falls gewünscht, kann man sie danach noch mit mildem Essig verfeinern.

Inzwischen bereit man die Spätzle zu (siehe folgende Seite).

Die Würstchen („Wiener" Würstchen heißen in Stuttgart „Saiten") werden separat gekocht. Zum Servieren füllt man den Teller je zur Hälfte mit Linsen und Spätzle, auf die man zum Anrichten einen Löffel in Butterschmalz gebräunter Semmelbrösel gibt. Darauf richtet man die Würstchen an. Dazu ein Hefeweizen oder ein Viertele Trollinger. .....

Hauptgerichte

Hauptgerichte

Deutschland

Linsen, Spätzle und Saiten

Zubereitung

Für die Spätzle werden Mehl, Salz und Eier in eine große Schüssel gegeben und mit einem Holzlöffel kräftig gerührt. Um das Rühren zu erleichtern, kann man vorsichtig sehr wenig Wasser hinzufügen.

Der Teig muß homogen werden und wird gerührt, bis er (und häufig auch der Koch) kräftige Blasen entwickelt. Vor dem Verarbeiten läßt man den Teig 15 Minuten ruhen, damit sich der Mehlkleber voll entwickeln kann.

Danach wird er entweder dünn auf ein Holzbrett gestrichen und mit einem Messer direkt in kochendes Salzwasser geschabt, oder man verwendet eine besondere Spätzlepresse, um gleichförmige lange Spätzle zu erzeugen, die man direkt in das kochende Wasser fallen läßt. Dem Kochwasser gibt man außer Salz auch eine Prise Öl zu.

Wenn die Spätzle gar sind, schwimmen sie auf dem Wasser. Man nimmt sie mit dem Schöpflöffel heraus und serviert sie umgehend. Andernfalls muß man sie kurz in kaltem Wasser abschrecken, damit sie nicht kleben, und stellt sie anschließend warm.

Als Hauptbestandteil des schwäbischen Nationalgerichts „Linsen, Spätzle und Saiten" richtet man sie mit in Butter angerösteten Semmelbröseln an. Werden die Spätzle als Beilage zu Braten verwendet, serviert man sie unverändert.

 Deutschland

Schwäbischer Zwiebelrostbraten

Zutaten

- ► 4 Scheiben Rumpsteak (ca. 200 g)
- ► Olivenöl oder Rapsöl zum Braten
- ► 4-6 mittelgroße Zwiebeln
- ► 3 EL Butterschmalz
- ► ½ Liter Bratenfond
- ► ¼ Liter trockener Rotwein
- ► Salz, Pfeffer, Thymian

Dazu Bratkartoffeln und gemischter Salat.

Zubereitung

Das gut abgehangene Rindfleisch wird bei Zimmertemperatur verarbeitet und darf nicht direkt aus dem Kühlschrank kommen.

Man kerbt zunächst den Fettrand auf allen Seiten ein, bepinselt dann das Fleisch mit etwas Öl und läßt das Öl 20 Minuten einziehen.

In der Zwischenzeit schneidet man die Zwiebeln in ca. 2 mm dicke Ringe. Butterschmalz in einer Pfanne erhitzen und die Zwiebelringe hineingeben. Dann die Hitze reduzieren, salzen und die Ringe schön knusprig braten. Wenn die Zwiebeln fertig sind, werden sie aus der Pfanne genommen. Man setzt sie auf Haushaltspapier, um das überschüssige Fett zu entfernen und stellt die abgetropften Ringe dann warm.

Ohne die Pfanne vorher zu reinigen, erhitzt man nun Öl und brät darin das Fleisch auf beiden Seiten jeweils 3 Minuten scharf an. Danach legt man die Fleischscheiben auf eine Platte und gart sie schonend ca. 15-20 Minuten im auf 90 °C vorgeheizten Backofen. .....

Hauptgerichte

Hauptgerichte

 **Deutschland**

Schwäbischer Zwiebelrostbraten

Zubereitung

Parallel zur Zubereitung von Zwiebeln und Fleisch wird der Bratenfond zusammen mit dem Rotwein und einem Leinensäckchen Thymian auf die Hälfte eingekocht und warm gestellt.

Während das Fleisch im Ofen ist, werden die Bratkartoffeln zubereitet[1]. Hierzu kocht und pellt man bereits am Vortag eine ausreichende Menge Kartoffeln, die man in nicht zu kleine Stücke oder Scheiben schneidet. Die Kartoffeln werden in Butterschmalz gebraten und mit Salz und Pfeffer gewürzt.

Sobald die Bratkartoffeln fertig sind, bestreut man sie mit etwas feingeschnittenem Schnittlauch und serviert man sie zusammen mit den mit Zwiebelringen bedeckten Fleischscheiben und der gesondert gereichten Sauce.

Zwiebelrostbraten ist ein Klassiker der schwäbischen Küche. Man serviert ihn am besten mit einem guten Viertele schwäbischen Rotweins (Trollinger, Lemberger oder Schwarzriesling), der traditionell im Henkelglas serviert wird.

---

1   Reicht man die Bratkartoffeln zu anderen Gerichten, brät man zuerst 100 g gewürfelte Schinkenreste oder durchwachsenen Speck zusammen mit einer feingehackten Zwiebel an. Je nach dem Hauptgericht würzt man sie außerdem mit Kümmel, Thymian oder Rosmarin oder kann sie zum Schluß mit einem Löffel Schmand verfeinern.

 # Deutschland

Träubleskuchen

Zutaten

Mürbeteig:

- ▶ 125 g Butter
- ▶ 100 g Zucker
- ▶ 2 Eigelb
- ▶ ½ abgeriebene Zitronenschale
- ▶ 250 g Mehl
- ▶ 1 TL Backpulver

Belag:

- ▶ 500 g rote Johannisbeeren
- ▶ 75-100 g Puderzucker
- ▶ 2 Eiweiß
- ▶ 2 TL Speisestärke

Zubereitung

Das Mehl wird mit Backpulver gemischt und mit den anderen Teigzutaten zu einem glatten Mürbeteig verknetet, der anschließend eine halbe Stunde kaltgestellt wird.

Danach wird der Teig ausgerollt und der Boden und die Seitenwände einer Springform damit belegt. Der Teig wird anschließend bei mittlerer Hitze in etwa 25 Minuten goldgelb gebacken.

Inzwischen wird das Eiweiß zu steifem Schnee geschlagen, dann fügt man Zucker und Speisestärke hinzu und schlägt die Masse noch weitere 5 Minuten. Danach werden die entstielten und gewaschenen Johannisbeeren vorsichtig unter den Eierschnee gehoben.

Wenn der Tortenboden etwas abgekühlt ist, füllt man die Masse vorsichtig ein und backt den Kuchen dann bei mittlerer Hitze bis der Eischnee leicht gelb wird. Dieser Kuchen schmeckt am besten, wenn er gleich gegessen wird. Mit tiefgefrorenen Johannisbeeren gelingt er das ganze Jahr.

Nachspeisen

Hauptgerichte

 Deutschland

Kartoffelsalat auf pommersche Art

Zutaten

- ► 1 kg festkochende Kartoffeln
- ► 2-3 Zwiebeln
- ► 250 g durchwachsener Speck
- ► 4 Tomaten
- ► 4 Gewürzgurken
- ► 4 hartgekochte Eier
- ► 400 ml Mayonnaise
- ► Salz, Pfeffer

- ► 4 Paar Würstchen

Zubereitung

Die Kartoffeln werden gekocht, gepellt, anschließend in nicht zu dünne Scheiben geschnitten und zur Seite gestellt.

Die anderen Zutaten werden gewürfelt. Anschließend brät man Speck und Zwiebeln in einer Pfanne an. Wenn sie schön angebraten aber nicht angebrannt sind, kippt man die gesamte Masse mit dem ausgebratenen Fett in die Mayonnaise, die man in eine große Schüssel gefüllt hat. Man rührt diese Masse sofort glatt, bevor das Fett erkaltet und fügt nun die gewürfelten Gurken und Tomaten zu und schmeckt mit Pfeffer und wenig Salz ab. Erst danach gibt man die Eiwürfel zu, damit diese sich nicht zu stark zersetzen. Zum Schluß rührt man die Kartoffeln unter die Masse, die nun noch einige Stunden, besser über Nacht ziehen sollte.

Dazu reicht man Wiener Würstchen und ein gutes Bier.

 Ungarn

Fischeintopf
(Halpaprika)

Zutaten

- ► je 1 kg Edelfisch: Karpfen, Wels, Hecht, Zander oder Stör
- ► Salz, Pfeffer, Lorbeerblätter
- ► je 1 kg Fisch 2 Gemüsezwiebeln
- ► Paprikapulver
- ► Fischsud
- ► gehackte glattblättrige Petersilie
- ► Karotten, Petersilienwurzel
- ► Rotwein
- ► Zitronensaft

Zubereitung

Die Fische werden geputzt und gehäutet, und das Fleisch wird in drei Finger breite Stücke geschnitten. Die Zwiebeln werden geputzt und in 4 mm dicke Ringe geschnitten.

Das Paprikapulver[1] muß unmittelbar vor dem Kochen vorbereitet werden. Hierzu nimmt man eine Mischung aus zwei Dritteln Delikateßpaprika („édesnemes") und einem Drittel scharfem Paprika („csípős").

Nun füllt man die Zutaten in einen großen gußeisernen Topf. Zuunterst kommt eine Lage Fische. In Ungarn ist es üblich, den Boden mit kleinen Fischen wie Rotaugen zu belegen, die nur mitgedünstet werden, um den Geschmack der Brühe abzurunden. ....

Hauptgerichte

---

[1] In Ungarn wird Paprikapulver gewöhnlich in drei Sorten verwendet:

„édesnemes": Dieser Paprika ist extrem mild. Er verleiht der Speise Farbe und Eigengeschmack und schmeckt selbst nicht vor. In Deutschland wird er unter der Bezeichnung „Delikateßpaprika" verkauft. Dieser Paprika ist außerhalb Ungarns nicht leicht erhältlich, ist aber entscheidend zur Erreichung des richtigen Geschmacks.
„csemege": Dieser Paprika entspricht dem in Deutschland erhältlichen gewöhnlichen Paprika.
„csípős": Dieser scharfe Paprika wird in Deutschland als „Rosenpaprika, scharf" verkauft.

 **Ungarn**

Fischeintopf
(Halpaprika)

Zubereitung

Für das volle Gericht benötigt man vier verschiedene Edelfische. Falls diese nicht erhältlich sind, kann man das Gericht nur mit Karpfenfleisch zubereiten[1].

Zuunterst kommen die kleinen Fische, sofern vorhanden das Blut von Karpfen und Wels sowie ein wenig in ganz dünne Scheiben geschnittenes Wurzelgemüse. Achten Sie darauf, Petersilienwurzel nicht mit Pastinaken zu verwechseln, die trotz gleichen Aussehens völlig anders schmecken! Lorbeerblätter, Pfeffer und Salz werden beim Einfüllen der Fische gleichförmig zugegeben.

Auf die Fische kommt eine Lage Zwiebeln, die man mit Paprikapulver bestreut, dann kommt eine Lage Edelfisch, dann wieder Zwiebeln und Paprika, usw., wobei man bei mehreren Edelfischsorten lagenweise abwechselt. Zum Schluß kann man einige Schoten Kirschpaprika obenauf geben, wenn man ein Liebhaber der scharfen Würze ist, ansonsten bestreut man die oberste Lage nur mit etwas Petersilie.

Das Ganze wird jetzt mit Fischsud und Wein aufgefüllt und bei mittlerer Hitze langsam gargekocht, wobei die Fische nicht völlig zerfallen sollten.

Zum Schluß entfernt man die Kirschpaprikaschoten und schmeckt mit etwas Zitronensaft ab. Hierzu reicht man Salzkartoffeln oder Bauernbrot und einen der hervorragenden ungarischen Weine, z.B. Graumönch vom Plattensee (Badacsony szürkebarát, weiß) oder Ödenburger Blaufränkler vom Neusiedler See (Soproni kékfrankos, rot).

---

1   Die Auswahl der Fische richtet sich in Ungarn nach der Verfügbarkeit. Karpfen, Wels und Hecht gehören in ganz Ungarn dazu, je nach Gegend ist die vierte Fischart verschieden.

An der Donau verwendet man jungen Zander („süllö"), an der Theiß wurde traditionell Störfleisch zugefügt und am Plattensee verwendet man ausgewachsenen Zander („fogas"), der einen anderen Eigengeschmack als junger Zander besitzt und deshalb in Ungarn kulinarisch als eigenständige Art behandelt wird.

 Ungarn

Esterházy-Rostbraten
(Esterházy rostélyos)

Zutaten

- ▶ 4 Scheiben Rumpsteak (ca. 200 g)
- ▶ 2 Gemüsezwiebeln, 2 Karotten
- ▶ 2 rote Paprikaschoten, 400 g Champignons
- ▶ 2 Petersilienwurzeln
- ▶ 400 ml Schmand (saure Sahne)
- ▶ 8 EL Paprikapulver, Salz, Pfeffer
- ▶ Olivenöl oder Rapsöl zum Braten

Zubereitung

Das Rindfleisch muß gut abgehangen sein und wird zunächst in Öl mariniert. Man kerbt erst den Fettrand auf allen Seiten ein, bepinselt dann das Fleisch mit etwas Öl und läßt das Öl im Kühlschrank über Nacht einziehen.

Das Paprikapulver muß unmittelbar vor dem Kochen vorbereitet werden. Hierzu nimmt man eine Mischung aus zwei Dritteln Delikateßpaprika und einem Drittel scharfem Paprika (Zubereitung siehe Seite 41 oder Seite 44). Das Gemüse wird geputzt und in kleine Stücke (Zwiebeln und Paprika) bzw. in dünne Scheiben geschnitten (Karotten, Petersilienwurzel und Champignons). Das vorbereitete Gemüse wird in etwas Öl angebraten. Dann wird der Topf vom Feuer genommen und das Paprikapulver eingerührt. Danach wird das Gemüse auf kleiner Flamme fertiggegart.

In der Zwischenzeit wird das Fleisch auf beiden Seiten jeweils 3 Minuten scharf angebraten. Man rührt den Schmand mit einem Löffel Gemüsesauce an, nimmt das Gemüse vom Feuer und rührt den Schmand hinein. Schließlich gibt man das Gemüse samt Sauce in die Pfanne mit dem Fleisch, rührt gut um und läßt das Fleisch bei kleiner Flamme (oder besser noch im auf 90 °C vorgeheizten Backofen) fertig garen. Dazu reicht man Bandnudeln und einen guten ungarischen Wein.

Hauptgerichte

Hauptgerichte

Ungarn

Leber auf ungarische Art
(Sertésmáj)

Zutaten

- ▶ 750 g Schweineleber
- ▶ 1 Gemüsezwiebel
- ▶ 4 EL Paprikapulver
- ▶ 1 rote Paprikaschote
- ▶ Salz, Pfeffer, gehackte glattblättrige Petersilie
- ▶ Olivenöl oder Sonnenblumenöl zum Braten

Zubereitung

Die Leber wird gewaschen und gehäutet und in mittelgroße Stücke geschnitten. Paprikaschote und Zwiebel werden geputzt und in kleine Stücke geschnitten. Das Paprikapulver[1] muß unmittelbar vor dem Kochen vorbereitet werden. Hierzu nimmt man eine Mischung aus zwei Dritteln Delikateßpaprika und einem Drittel scharfem Paprika.

In wenig Öl werden zuerst die Zwiebelstücke glasig gedünstet, dann fügt man die Leber hinzu, brät die Stücke an und fügt dann die Paprikastücke hinzu. Sobald diese weich geworden sind, nimmt man den Topf vom Feuer, rührt das Paprikapulver unter und läßt die Leber bei sanfter Hitze fertig dünsten. Falls nötig kann man etwas Wasser oder Weißwein zugeben, damit das Gericht nicht anbrennt. Wie bei allen Lebergerichten wird erst zum Schluß gesalzen und gepfeffert. Mit etwas Petersilie anrichten.

Dazu passen Bandnudeln und ein guter ungarischer Rotwein.

---

[1] In Ungarn wird Paprikapulver gewöhnlich in drei Sorten verwendet:

„édesnemes": Dieser Paprika ist extrem mild. Er verleiht der Speise Farbe und Eigengeschmack und schmeckt selbst nicht vor. In Deutschland wird er unter der Bezeichnung „Delikateßpaprika" verkauft. Dieser Paprika ist außerhalb Ungarns nicht leicht erhältlich, ist aber entscheidend zur Erreichung des richtigen Geschmacks.
„csemege": Dieser Paprika entspricht dem in Deutschland erhältlichen gewöhnlichen Paprika.
„csípős": Dieser scharfe Paprika wird in Deutschland als „Rosenpaprika, scharf" verkauft.

 # Italien

Taubenrisotto
(Risotto coi piccioni)

Zutaten

- ▶ 2 Tauben mit Innereien
- ▶ 300 g Risottoreis
- ▶ Salbei, Rosmarin
- ▶ Fleischbrühe
- ▶ Salz, Pfeffer, Olivenöl

Zubereitung

Die beiden Tauben werden innen und außen mit Salbei, Rosmarin, Salz und Pfeffer eingerieben und in wenig Olivenöl etwa 20 Minuten von allen Seiten angebraten. Die Innereien werden vorbereitet und fein gehackt und nach dem Anbraten zusammen mit einigen in feine Streifen geschnittenen frischen Salbei-blättern zu den Tauben gegeben.

Das Ganze wird dann im zugedeckten Topf auf kleiner Flamme mindestens eine Stunde gegart, wobei man das Gericht häufig umrührt, damit es nicht an-brennt.

Dann nimmt man die Tauben aus der Sauce, entbeint sie und gibt die Fleisch-stücke wieder zu der Sauce.

Zu der Sauce gibt man 300 g Risottoreis[1], kocht die Mischung unter ständigem Rühren und Zugabe von Fleischbrühe auf bis der Reis weich ist.

---

1   Risottoreis muß immer frisch verwendet werden. Im Gegensatz zu anderen Reissorten verliert Risottoreis nach dem Schälen sein Aroma innerhalb von etwa 2 Wochen. In Italien ist es deshalb üblich, daß sich Freunde und Nachbarn zusammentun und jeweils 10 kg frisch geschälten Reis von der örtlichen Reismühle holen, die in der folgen-den Woche komplett verbraucht werden.

Statt Tauben kann man auch vier Wachteln verwenden, die nicht entbeint werden müssen.

(vertikal am rechten Rand:) **Hauptgerichte**

 **Italien**

Spaghetti mit Radicchio
(Spaghetti con radicchio)

Zutaten

- ► 500 g Radicchio
- ► 150 g Spaghetti
- ► 4 Knoblauchzehen
- ► 200 ml Schmand (saure Sahne)
- ► ¼ Liter Rotwein
- ► Salz, Pfeffer, Olivenöl
- ► geriebener Parmesan- oder sehr reifer Pecorinokäse

Zubereitung

Die Kohlköpfe werden vom Strunk befreit und in nicht zu kleine Stücke geschnitten. In wenig Olivenöl dünstet man die Kohlstücke mit dem sehr klein gehackten Knoblauch an, löscht mit dem Rotwein ab und läßt die Radicchiostücke unter ständigem Rühren fertig dünsten.

Inzwischen kocht man Hartweizenspaghetti 6 Minuten, damit sie noch sehr bißfest sind. Man schreckt die Spaghetti ab und stellt sie kurz beiseite.

Man nimmt das fertige Gemüse vom Herd, schmeckt mit Pfeffer und Salz ab und rührt den Schmand unter, bevor man die Spaghetti unterhebt. Das Gericht wird sofort mit geriebenem Parmesan serviert.

Das Gericht stammt aus der südlichen Toskana und paßt daher hervorragend zu den schweren Rotweinen dieser Gegend wie z.B. Brunello di Montalcino. Statt Parmesan verwendet man dort reifen Pecorinokäse.

 **Italien**

Trentiner Apfelstrudel
(Strudel di mele)

Zutaten

Teig:
- ▶ 250 g Mehl
- ▶ 1 Ei
- ▶ ½ Päckchen Backpulver
- ▶ 1 EL Zucker
- ▶ Salz, lauwarmes Wasser
- ▶ 30 g Butter oder 2 EL Olivenöl

Füllung:
- ▶ 2 kg Äpfel
- ▶ 100 g Butter
- ▶ abgeriebene Zitronenschale
- ▶ Sultaninen, Pinienkerne
- ▶ Semmelbrösel
- ▶ Zucker, Zimt

Zubereitung

Mehl und Backpulver werden gemischt und auf einen Haufen geschüttet, in den man eine Vertiefung macht. In diese Vertiefung kommen das Ei, das Salz und die Butter bzw. das Öl. Die Zutaten werden nun zu einem glatten Teig verarbeitet. Falls erforderlich fügt man geringe Mengen Wasser zu. Der fertige Teig wird mit wenig Olivenöl bepinselt und mit einem Tuch bedeckt zur Seite gestellt.

Die hier angegebenen Zutaten ergeben einen sehr dünnen Teig. Wer einen etwas dickeren Teig bevorzugt, muß die Zutatenmenge für den Teig verdoppeln. Nach etwa einer Stunde wird der Teig auf einem bemehlten Küchentisch ausgerollt, mit der erwärmten Butter für die Füllung bestrichen und mit einigen Semmelbröseln bestreut.

Die Äpfel werden geschält und das Kerngehäuse entfernt. Je nach Geschmack werden sie dann in mehr oder weniger große Stücke geschnitten. Kleine Stücke ergeben eine apfelmusartige Konsistenz, bei größeren Stücken schmeckt man die Äpfel besser heraus.   .....

 **Italien**

Trentiner Apfelstrudel
(Strudel di mele)

Zubereitung

Man mischt die Äpfel mit den anderen Zutaten. Die Pinienkerne werden kurz in einer trockenen Pfanne angeröstet. Man kann zusätzlich noch einige gehackte Walnüsse untermischen[1].

Die Füllung wird nun in Längsrichtung auf der Mitte des Teigs verteilt und der Teig wird vorsichtig um die Füllung geschlagen.

Der Strudel wird auf ein gefettetes und leicht bemehltes Backblech gesetzt und mit etwas geschmolzener Butter bestrichen. Wer will, kann zusätzlich noch eine Mischung von Milch und Zucker aufstreichen.

Der Strudel wird anschließend bei 180-200 °C goldgelb gebacken.

Dieser Strudel ist eine Trentiner Spezialität. In den Südalpen wachsen auf bis zu 1000 Meter Höhe einige der besten Speiseäpfel der Welt. Die besten Trentiner Äpfel kommen aus dem Val di Sole und dem benachbarten Val di Non und werden unter der Qualitätsbezeichnung „Melinda" vermarktet[2].

---

1   Die Walnüsse schmecken besser, wenn man sie kurz vor der Reife geerntet hat, damit sich die bittere Haut leicht von den Kernen lösen läßt.

Der Strudelgeschmack wird einheitlicher und besser, wenn man die Zutaten erst gründlich mischt und erst dann auf dem Teig verteilt.

2   Eine Trentiner Spezialität aus dem Val di Sole ist Apfelkernlikör. Sammeln Sie die Kerne aller bei Ihnen verarbeiteten Äpfel. Wenn Sie etwa eine Tasse Apfelkerne gesammelt haben, übergießen Sie sie mit reinem Alkohol und lassen Sie die Kerne im Dunkeln zugedeckt etwa 6 Wochen ziehen. Danach wird die Flüssigkeit gefiltert und mit Wasser auf Trinkstärke verdünnt.

Hauptgerichte

 Griechenland

Käseröllchen
(Τυρόπιτα - Tyropita)

Zutaten

- ► 24 dreieckige Blätterteigstücke
- ► 400 g frischer Schafskäse[1]
- ► 4 Eier
- ► frischer Dill oder frische orientalische Minze
- ► Salz, Pfeffer, Olivenöl

---

[1] Hierfür kann man entweder Fetakäse nehmen oder besser Schafskäse aus Kreta, der weniger salzig und bröckelig ist. Bestens geeignet ist auch der in Mitteleuropa aus Kuhmilch gewonnene fetaähnliche Käse, weil er dem Schafskäse aus Mittelgriechenland oder aus Kreta ähnelt. Traditionell wird in Griechenland Dill untergemischt, wenn verfügbar ist aber orientalische (Nene-)Minze noch besser, da sie ein wunderbar frisches Aroma ergibt. Europäische Minze ist ungeeignet.

Zubereitung

Der Frischkäse wird mit einer Gabel zerkleinert und mit den Eiern zu einem glatten Teig gemischt. Der Teig wird mit etwas Pfeffer und (falls erforderlich) mit einer Prise Salz abgeschmeckt. Normalerweise ist zusätzliches Salz wegen des salzigen Käses nicht erforderlich.

Man wäscht die frischen Kräuter kurz und tropft sie gut ab. Danach werden die großen Stiele entfernt und die verbleibenden Blätter von Hand in möglichst kleine Stücke geschnitten. Hacken oder Zerkleinerung im Mixer zerstört die ätherischen Öle, derentwegen die Kräuter zugegeben werden. Die geschnittenen Kräuter werden nun mit der Käsemasse vermischt. Man nimmt 24 Stück fertigen Blätterteig und gibt darauf jeweils einen Eßlöffel von der Masse. Man faltet das Endstück auf beiden Seiten ein und rollt den Teig dann zur Schmalseite um den Teig. Die fertigen Käseröllchen werden auf Backpapier auf ein Backblech gesetzt, von oben mit Olivenöl eingepinselt und bei mittlerer Hitze goldbraun gebacken (15-20 Minuten).

Alternativ kann man Tyropita auch in einer großen Portion auf einem runden Backblech (ταψί, Tapsi) machen und nach dem Backen in einzelne Portionen schneiden. In diesem Fall legt man auf das Blech ein Stück Blätterteig, füllt dann die Käsemasse ein und bedeckt das Ganze vor dem Backen mit einem weiteren Stück Blätterteig.

Hauptgerichte

Griechenland

Überbackene Auberginen
(Μελιτζάνες παπουτσάκια - Papoutsakia)

Zutaten

Für die Auberginen:

▶ 1 kg reife Auberginen
▶ 2 Zwiebeln
▶ 1 Ei
▶ 2 Tomaten
▶ 500 g Hackfleisch[1]
▶ Öl, Salz, Pfeffer, Oregano, gehackte glattblättrige Petersilie
▶ Semmelbrösel, geriebener Käse und Butter zum Überbacken

Für die Bechamelsauce:

▶ 50 g Margarine
▶ 50 g Mehl
▶ 100 ml Milch
▶ Salz, Pfeffer, Muskatnuß

---
1 Lamm oder gemischtes Hackfleisch

Zubereitung

Wenn die Auberginen nicht ganz reif sind, kann man sie im Ofen auf etwa 180 °C erhitzen bis sie weich geworden sind. Man läßt sie abkühlen, entfernt den Stielansatz und halbiert sie. Dann entfernt man vorsichtig das meiste Fruchtfleisch bis auf eine fingerdicke Schicht. Vorsicht, daß die Haut dabei nicht beschädigt wird!

Das ausgelöste Fruchtfleich wird im Mixer zerkleinert und mit den gehackten Zwiebeln und den gehäuteten und gehackten Tomaten sowie dem Fleisch, dem Ei und den Gewürzen vermischt. Die Masse wird in die halbierten Auberginen gefüllt und mit Bechamelsauce[1], Semmelbröseln und geriebenem Käse bedeckt und ca. 45 Minuten bei mittlerer Hitze im Ofen überbacken. Damit sie nicht austrocknen, gibt man nach der halben Zeit ein Butterflöckchen auf die Auberginenhälften.

---
1 Für die Bechamelsauce wird Margarine in der Pfanne erhitzt. Dann rührt man das Mehl ein und läßt es warm werden. Man würzt die Masse mit Salz, Pfeffer und frisch geriebener Muskatnuß. Bevor das Mehl braun wird, rührt man vorsichtig die Milch in kleinen Mengen ein. Als Käse ist Pecorino zu empfehlen, der dem griechischen Schafskäse sehr ähnlich ist.

 # Griechenland

Huhn auf kleinasiatische Art
(Κοτόπουλο Μικρά Ασία - Kotopoulo Mikra Asia)

Zutaten

- ► 1 großes Suppenhuhn (ca. 1,5 kg)
- ► 3 große oder 6 kleine Auberginen
- ► 6-8 Tomaten
- ► 500 g festkochende Kartoffeln
- ► schwarze Oliven
- ► ¼ Liter Zitronensaft
- ► ½ Liter Weißwein
- ► 6 Knoblauchzehen
- ► Salz, Pfeffer, Lorbeerblätter, Olivenöl
- ► Griechischer Oregano, glattblättrige Petersilie

Zubereitung

Das Huhn wird halbiert und mit kaltem Wasser, etwas Olivenöl und Zitronensaft gekocht bis sich das Fleisch von den Knochen löst (ca. 90 Minuten).

Zwischenzeitlich wird das Gemüse vorbereitet: Man entfernt den Stielansatz der Auberginen und schneidet sie in Würfel. Die Kartoffeln werden gebürstet aber nicht geschält und ebenfalls in Würfel geschnitten, ebenso die Tomaten.

Man nimmt das gekochte Huhn aus dem Sud, entbeint es und zerteilt es mit der Hand in kleine Stücke. Zusammen mit dem grobgehackten Knoblauch und den schwarzen Oliven (in Kleinasien und auf Kreta gibt es ganz kleine Oliven, die für dieses Gericht am besten sind) füllt man Fleisch, Gemüse und Gewürze gut gemischt in eine feuerfeste Form und füllt dann mit dem Wein, der Hühnerbrühe und viel Zitronensaft auf. Man deckt die Form ab und läßt das Ganze im Ofen bei 200 ºC etwa 2 Stunden kochen.

Bevor man das Gericht serviert, gibt man noch etwas Zitronensaft zu.

Hauptgerichte

 # Griechenland

Lauchgemüse mit Reis
(Πρασόρυζο - Prasorizo)

Zutaten

- ► 1 kg Lauch
- ► 250 g Reis
- ► eine Handvoll Selleriekraut
- ► eine Handvoll Dill
- ► Saft von 2 Zitronen
- ► Olivenöl, ½ Liter Gemüsebrühe
- ► Salz, Pfeffer

Zubereitung

Der Lauch wird geputzt, und die grünen Teile werden entfernt. Dann wird der Lauch in kleine Stücke geschnitten, gründlich gewaschen, um den anhaftenden Sand zu entfernen, und in Olivenöl leicht angedünstet. Danach fügt man das gehackte Selleriekraut und den gehackten Dill mit der halben Gemüsebrühe hinzu und läßt das Ganze zugedeckt auf kleiner Flamme 10 Minuten weichdünsten. Man schmeckt mit Salz und Pfeffer ab, gibt den Zitronensaft hinzu und läßt kurz aufkochen.

Nun fügt man den Reis hinzu und gibt die restliche Gemüsebrühe oder etwas Wasser hinzu, wenn das Gericht nicht genügend Flüssigkeit enthält. Das Ganze läßt man zugedeckt auf kleiner Flamme kochen. Sobald der Reis weich geworden ist, kann das Gericht serviert werden.

Dieses in Griechenland sehr beliebte Gericht kann entweder als Vorspeise („Meze") serviert werden oder als Beilage zu allerlei Fisch- und Fleischgerichten.

 # Zypern

Salat mit Joghurt
(Σαλάτα με γιαούρτι - Salata me yaourti)

Zutaten

- ► 1 Salatgurke
- ► 3-4 Tomaten
- ► 3-4 Frühlingszwiebeln
- ► ½ Kopf Endiviensalat
- ► ½ Karotte
- ► 2 Handvoll glattblättrige Petersilie
- ► 200 ml griechischer Joghurt
- ► Salz, Pfeffer

Zubereitung

Die Zutaten werden gewaschen und geputzt und sehr gut abgetropft. Es ist wichtig, daß das Gericht nicht wäßrig ist.

Die ungeschälte Gurke wird in Stücke geschnitten, ebenso die Tomaten und die Frühlingszwiebeln. Die halbe Karotte wird geraspelt, und die Petersilie wird von den Stielen befreit und in grobe Stücke gehackt, ebenso wie der Endiviensalat. Wer will, kann je nach Verfügbarkeit in Streifen geschnittene rote Paprikaschoten oder ein wenig in Stücke geschnittenen Radicchio zugeben.

Die Zutaten werden gut gemischt und mit Pfeffer und ganz wenig Salz gewürzt. Anschließend mischt man den griechischen Joghurt[1] unter und läßt die Mischung etwa 10 Minuten ziehen, bevor man den Salat serviert.

---

1   Griechischer oder sogenannter türkischer Joghurt ist besonders fest und nicht wäßrig.

Im östlichen Mittelmeerraum gibt es diesen Joghurt sowohl aus Schafs- als auch aus Kuhmilch und in den gängigen Fettstufen. Hierzulande nimmt man am besten Sahnejoghurt auf griechische Art (10% Fett). Wichtiger als der Fettgehalt ist, daß der fertige Salat keine überstehende Flüssigkeit aufweist.

 # Zypern

Linsen mit Reis
(Φακόρυζο - Fakorizo)

Zutaten

- ▶ 250 g Linsen
- ▶ 250 g Reis
- ▶ 2 Knoblauchzehen, 1 Lorbeerblatt
- ▶ Saft von 1 Zitrone
- ▶ 2 Zwiebeln
- ▶ Olivenöl, ½ Liter Gemüsebrühe
- ▶ Salz, Pfeffer

Zubereitung

Die Linsen werden über Nacht in kaltem Wasser eingeweicht. Am folgenden Tag werden die gereinigten Linsen mit Wasser und der halben Gemüsebrühe bedeckt und mit den geschälten Knoblauchzehen und dem Lorbeerblatt eine Stunde gekocht. Man schmeckt mit Salz und Pfeffer ab, gibt den Zitronensaft hinzu und läßt kurz aufkochen.

Nun fügt man den Reis hinzu und gibt die restliche Gemüsebrühe oder etwas Wasser hinzu, wenn das Gericht nicht genügend Flüssigkeit enthält. Das Ganze läßt man zugedeckt auf kleiner Flamme kochen. Sobald der Reis weich geworden ist, wird das Gericht mit den gehackten rohen Zwiebeln bestreut und sofort serviert.

Zypern

Schweineschulter mit Koriander
(Αφέλια- Afelia)

Zutaten

- ▶ 2 kg Schweinebauch oder -schulter
- ▶ 100 ml Olivenöl
- ▶ 300 ml Wasser
- ▶ 200 ml Rotwein
- ▶ 50 ml milder Weinessig
- ▶ 2 EL Korianderkörner
- ▶ Salz, Pfeffer, Zimt, Nelken, (Zucker)

Zubereitung

Das Schweinefleisch wird in nicht zu kleine Stücke geschnitten und in Olivenöl angebraten. Sobald das Fleisch goldbraun ist, fügt man ein Drittel des Wassers zu, reduziert die Hitze und kocht das Fleisch 30 Minuten im geschlossenen Topf. Man muß das Fleisch häufiger umrühren, damit es nicht anbrennt.

Die Korianderkörner werden im Mörser grob zerstampft und zusammen mit einer Prise gemahlenen Nelken und 1-2 TL Zimtpulver, Pfeffer und wenig Salz zusammen mit dem restlichen Wasser, dem Wein und dem Essig zu dem Fleisch gegeben. Falls der Essiggeschmack zu stark ist, mildert man ihn mit einer Prise Zucker ab.

Man bringt das Fleisch zum Kochen[1] und kocht es dann bei offenem Topf bis die Flüssigkeit weitgehend eingekocht ist.

Man serviert das Gericht mit Kartoffeln oder Reis (Pilaf).

---

1   Wenn man will, kann man zu diesem Zeitpunkt noch 1 kg kleine neue Kartoffeln zufügen, die man vorher sorgfältig gebürstet hat. Sind die Kartoffeln größer, schneidet man sie vorher in Stücke.

Hauptgerichte

  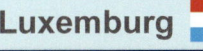

Hauptgerichte

 Zypern

Gefüllter Pansen
(Σεφταλιά - Seftalia)

Zutaten

- ▶ 1 Hammelmagen
- ▶ 250 g Schweinemett oder Wurstbrät
- ▶ 1 Ei
- ▶ Oregano oder gehackter frischer Thymian
- ▶ Öl, Salz, Pfeffer

Zum Anrichten:
- ▶ gehackte glattblättrige Petersilie
- ▶ Zitronen

Zubereitung

Der Hammelmagen wird mit kaltem Wasser und etwas Essig gereinigt, trockengetupft und in handtellergroße Stücke geschnitten.

Das Schweinefleisch wird mit dem Ei und den Gewürzen gemischt und in den gereinigten portionierten Hammelmagen gefüllt. Falls erhältlich, kann man noch einige Blütenköpfchen von wildem Fenchel zu der Wurstmasse geben.

Der Hammelmagen wird mit dem Brät gefüllt und in kleine Würstchen geformt, die mit Zwirn abgebunden werden.

Die fertigen Portionen werden dann gegrillt, am besten auf dem Holzkohlengrill. Sie werden mit der grobgehackten Petersilie bestreut und mit halbierten Zitronen serviert.

 **Dänemark**

Gänsebraten mit Rotkohl und Karamelkartoffeln
(Gåsesteg med Rødkål og Brunede Kartofler)

Zutaten

Für die Gans:
- ▶ 1 bratfertige Gans (ca. 3 kg)
- ▶ Pfeffer, Salz, Nelken

- ▶ 1 Zwiebel

Für den Rotkohl:
- ▶ 1 Glas Rotkohl (800 g)
- ▶ 1 Lorbeerblatt
- ▶ Pfeffer, Salz, Nelken

- ▶ 1 Zwiebel
- ▶ Kümmel
- ▶ Johannisbeergelee

Für die Kartoffeln:
- ▶ 1 kg kleine festkochende Kartoffeln, 150 g Butter, 150 g Zucker

Zubereitung

Die vorbereitete Gans wird innen und außen gesalzen und gepfeffert. Eine ganze Zwiebel wird geschält und oben quer angeschnitten. In diesen Schnitt steckt man 4-5 Nelken und füllt die Zwiebel in die Bauchhöhle der Gans. Anschließend wird die Haut der Gans mit einer Gabel angestochen und die Gans wird in einer Fettpfanne im geschlossenen Bräter bei 220 °C gebraten (ca. 45-60 Minuten je kg). Alle 20 Minuten kontrolliert man die Gans und dreht sie oder gibt etwas Wasser zu, falls sie oben zu trocken wird. 30 Minuten vor dem Ende der Garzeit nimmt man den Deckel ab und gießt etwas kaltes Wasser über die Haut, damit sie schön kroß wird.

Wenn die Gans fertig gebraten ist, nimmt man sie aus dem Topf und stellt sie in den ausgeschalteten aber noch warmen Ofen, während man den Bratenfond mit etwas Wasser oder Weißwein loskocht.

.....

Hauptgerichte

Dänemark

Gänsebraten mit Rotkohl und Karamelkartoffeln
(Gåsesteg med Rødkål og Brunede Kartofler)

Zubereitung

Zwischenzeitlich bereitet man die Beilagen vor:

Ein Glas küchenfertiger Rotkohl wird mit Salz und Pfeffer gewürzt und mit dem Lorbeerblatt, etwas Kümmel und einer kleinen mit Nelken gespickten Zwiebel auf kleiner Flamme gekocht. Man gibt etwas Wasser oder Rotwein zu, falls der Rotkohl nicht mit Flüssigkeit bedeckt ist. Nach etwa 20 Minuten fügt man nach Geschmack etwas rotes Johannisbeeren- oder Weingelee zu und läßt das Gericht noch etwa 5 Minuten auf kleiner Flamme durchkochen.

Für die Karamelkartoffeln nimmt man möglichst kleine und runde festkochende Kartoffeln. Die Kartoffeln werden (möglichst am Vortag) gekocht und gepellt. Kurz vor dem Auftragen der Gans läßt man die Butter auf dem Herd flüssig werden und stellt sie zur Seite. Dann wärmt man in einer möglichst tiefen Pflanne unter ständigem Rühren mit einem Plastik- oder Holzlöffel den Zucker bis er schmilzt und sich goldbraun verfärbt.

Bevor der Zucker dunkelbraun und bitter wird, nimmt man ihn vom Feuer, rührt die geschmolzene Butter unter und erhitzt die Masse erneut auf kleiner Flamme. Man gibt nun so viele der möglichst runden Pellkartoffeln zu, daß sie noch in der Pfanne herumrollen können, bedeckt sie mit der Karamelmasse, hebt sie dann mit dem Schaumlöffel aus der Pfanne und füllt sie in das vorgewärmte Serviergeschirr. Man wiederholt die Prozedur, bis alle Kartoffeln mit der Karamelmasse beschichtet sind und serviert dann sofort.

Besonders zu Weihnachten wird die Gans auch noch gefüllt. Eine typische Füllung besteht z.B. aus einer Mischung von geschälten und in mittelgroße Stücke geschnittenen säuerlichen Äpfeln, einer in 8 Stücke geschnittenen Zwiebel sowie eingeweichten entsteinten und grob gehackten Trockenpflaumen („Æbler og Svedsker").

 **Dänemark**

Dänische Zimtplätzchen
(Jødekager)

Zutaten

- ▶ 250 g Butter
- ▶ 200 g Zucker
- ▶ 300 g Mehl
- ▶ 1 Ei
- ▶ Glasur: 1 Eiweiß, 4EL Zimt, 4 EL Zucker
- ▶ Salz, Backpulver

Zubereitung

Butter und Zucker werden mit dem Mixer schaumig geschlagen, dann wird das Ei ebenfalls zu der Masse gegeben und eingearbeitet. Mehl, 2 TL Salz und ein Tütchen Backpulver werden gemischt und mit der Masse zu einem glatten Teig verarbeitet. Man formt den fertigen Teig zu einem runden Klumpen, schlägt ihn in Backpapier ein und läßt ihn mehrere Stunden im Kühlschrank ruhen.

Der Teig wird dann auf einem bemehlten Brett ausgerollt. Mit einer Plätzchen-form sticht man runde Plätzchen aus, die man nebeneinander auf ein mit gut gefettetem Backpapier belegtes Backblech legt.

Für die Glasur wird das Eiweiß leicht angeschlagen (es darf nicht steif werden), und Zucker und Zimt werden gemischt. Man bepinselt die Plätzchen mit Eiweiß und bestreut sie mit Zucker und Zimt. Anschließend werden die Plätzchen im auf 200 °C vorgeheizten Backofen gebacken (ca. 10 Minuten).

Nachspeisen

 **Dänemark**

Nachspeisen

Dänische Krapfen
(Æbleskiver)

Zutaten

- ▶ 250 g Mehl
- ▶ 150 g Butter
- ▶ 4 Eier
- ▶ Salz,
- ▶ Fett zum Ausbacken

- ▶ 250 ml Milch
- ▶ 60 g Zucker
- ▶ 1 Zitrone
- ▶ ½ Päckchen Backpulver
- ▶ Apfelmus für die Füllung

Zubereitung

In Dänemark oder in Schleswig-Holstein (wo diese Krapfen unter dem Namen Förtchen bekannt sind) gibt es besondere Pfannen, die man zum Zubereiten dieses Gerichts benutzt, das traditionell in der Weihnachtszeit gebacken wird. Ohne Förtchenpfanne backt man sie am besten wie Berliner schwimmend in Fett aus.

Mehl, Backpulver und eine Prise Salz werden vermischt, und man gibt die lauwarme Milch dazu. Die angewärmte Butter, der Zucker und die vier Eigelb werden schaumig geschlagen und anschließend mit der Masse verarbeitet. Zum Schluß verarbeitet man noch Saft und abgeriebene Schale einer Zitrone mit dem Teig. Man stellt den Teig kurz beiseite und schlägt die vier Eiweiß zu einem steifen Schnee, den man vorsichtig unter die Teigmasse hebt.

Mit dem Löffel formt man möglichst runde Teigbälle, die man anschließend in einer Förtchenpfanne oder schwimmend in Fett goldgelb backt. Die Füllung, die den Förtchen ihren dänischen Namen gegeben hat, ist heute nicht mehr allgemein üblich. Für gefüllte Förtchen füllt man den Teig vor dem Ausbacken mit einem Teelöffel Apfelmus (im Süden Jütlands nimmt man stattdessen Pflaumenmus).

 Schweden

Safrankuchen zum Sankt Luzia-Fest
(Lussekatt)

Zutaten

- ▶ 300 ml Milch
- ▶ 1 g Safran
- ▶ 1 Päckchen Hefe
- ▶ 150 g Zucker
- ▶ 125 g Butter
- ▶ 700 g Mehl
- ▶ 1 Ei
- ▶ Salz

Zubereitung

In einem Topf die Butter erwärmen, die lauwarme Milch und Safran hinzufügen. Die Masse über die zerkrümelte Hefe gießen.

Zucker, Mehl und Salz werden der Masse zugefügt, und das Ganze wird zu einem glatten Teig verarbeitet. Den fertigen Teig bedeckt man mit einem Tuch und läßt ihn 30 Minuten gehen.

Dann wird der Teig kurz durchgeknetet und in 25-30 runde Stücke geformt. Man läßt die Stücke einige Minuten gehen, formt sie dann zu 15-20 cm langen Zöpfen und legt sie S-förmig so zusammen, daß sich die Teigenden berühren. Nun steckt man einige Rosinen auf jedes Stück und läßt den Teig nochmals 40 Minuten gehen.

Das Ei wird mit wenig Salz verquirlt und auf die Teigstücke gestrichen. Dann werden die Sankt Luzia-Kuchen 5-10 Minuten bei 250 °C gebacken bis sie goldbraun sind.

Nachspeisen

Hauptgerichte

 # Schweden

Erbsensuppe mit Schweinefleisch
(Ärter med Fläsk)

Zutaten

- ▶ 500 g gelbe Erbsen
- ▶ 3 Zwiebeln
- ▶ 500 g gepökeltes Schweinefleisch
- ▶ 1 Lorbeerblatt, 3-4 Nelken
- ▶ Salz, Pfeffer, Majoran, Thymian

Zubereitung

Die Erbsen werden am Vortag in kaltem Wasser über Nacht eingeweicht, wobei das Einweichwasser mehrfach gewechselt wird.

Am folgenden Tag schneidet man zwei der Zwiebeln in kleine Stücke, die dritte Zwiebel wird oben quer eingeschnitten und mit 3-4 Nelken gespickt. In einem Topf werden zuerst die geschnittenen Zwiebeln glasig gedünstet, anschließend fügt man die gewässerten Erbsen, das Lorbeerblatt, die mit Nelken gespickte Zwiebel und etwas Majoran sowie das Schweinefleisch im Ganzen zu, füllt mit Wasser auf und bringt die Mischung zum Kochen. Nach wenigen Minuten reduziert man die Hitze und kocht das Ganze im geschlossenen Topf auf kleiner Flamme etwa eine Stunde.

Nun nimmt man das Fleisch aus der Suppe, schmeckt mit Pfeffer und (falls nötig) mit Salz ab, fügt etwas frischen Thymian zu sowie das in 1 cm dicke Scheiben geschnittene Fleisch. Falls nötig, gibt man etwas Wasser zu, damit die Suppe nicht ansetzt.

Man bringt das Ganze kurz zum Kochen und läßt das Gericht auf kleiner Flamme noch 10 Minuten ziehen, bevor man es serviert.

Diese Gericht wird in Schweden traditionell donnerstags abends während der Wintermonate gegessen. Man serviert es gewöhnlich mit heißem Punsch aus Karlshamn („Karlshamns Flaggpunsch"), und als Nachtisch gibt es Eierpfannkuchen mit Preißelbeeren („Plättar").

 Schweden

Hering in Senfsauce
(Senapssill)

Zutaten

▶ 500 g Heringsfilets

Marinade:
▶ 50 ml Essigessenz (30%) ▶ 350 ml Wasser
▶ 2 EL Meersalz

Senfsauce:
▶ 100 g Tafelsenf   ▶ 50 g grob gemahlener süßer Senf
▶ 100 g Zucker   ▶ 1 TL Weinessig
▶ 2-3 TL Pfefferkörner   ▶ 150 ml Raps- oder Distelöl
▶ 1 Bund frischer Dill

Zubereitung

Die Heringe werden filettiert. Die Filets werden gehäutet und halbiert und lagenweise mit Salz bestreut und mit der verdünnten Essiglauge bedeckt in einem geschlossenen Gefäß über Nacht mariniert.

Am nächsten Tag werden die Heringsfilets aus der Marinade genommen. Man rührt den Senf mit dem Essig an und rührt den Zucker unter. Sobald sich dieser aufgelöst hat, rührt man nach und nach das Öl ein und rührt zum Schluß die Pfefferkörner und den gehackten Dill in die Senfsauce.

In einem Glas- oder Keramikgefäß legt man die Heringsfilets mit Senfsauce begossen ein und läßt die Mischung im geschlossenen Gefäß mindestens zwei Tage durchziehen, bevor man sie mit etwas frisch gehacktem Dill zu Schwarzbrot serviert.

Dazu gehört ein Bier und ein schwedischer Aquavit („nubbe").

Vorspeisen

 **Schweden**

Haferplätzchen
(Havreflarn)

Zutaten

- ▶ 100 g Haferflocken
- ▶ 100 g Mehl
- ▶ 1 Päckchen Backpulver
- ▶ 1-2 EL Milch

- ▶ 100 g Zucker
- ▶ 80 g Butter
- ▶ 1 EL gemahlener Ingwer
- ▶ 1-2 EL Speisesirup

Zubereitung

In einem Topf wird zuerst die Butter zum Schmelzen gebracht, dann nimmt man den Topf vom Feuer und rührt zuerst die trockenen Zutaten und dann Milch und Speisesirup unter. Die Masse verarbeitet man zu einem glatten Teig.

Das Backblech wird mit gut gefettetem Backpapier ausgelegt und darauf setzt man Teighäufchen von der Größe eines halben Eßlöffels. Die Teighäufchen müssen mindestens 6 cm Abstand zueinander haben, da der Teig stark verläuft. Die Plätzchen werden im auf 200 °C vorgeheizten Backofen in etwa 5-8 Minuten goldgelb gebacken. Während man das nächste Blech Plätzchen backt, nimmt man vorsichtig die abgekühlten Plätzchen mit dem Messer von dem Backpapier ab.

Schwedische Haferplätzchen lassen sich sehr gut einfrieren. Neben der hier beschriebenen Grundform gibt es viele Varianten. Sehr gut sind Haferplätzchen mit Rosinen oder mit frischen Blaubeeren, man muß aber etwas mehr Butter zugeben, da sie sonst zerkrümeln.

Statt Ingwer kann man auch 100 g gemahlene Haselnüsse oder Mandeln zugeben. Besonders beliebt sind Haferplätzchen, die ganz oder zur Hälfte in geschmolzene Schokolade getaucht wurden. Dazu serviert man in Schweden traditionell frische Erdbeeren oder Erdbeereis.

Nachspeisen

 Österreich

Burgenländer Leber

Zutaten

- ► 500 g Zwiebeln
- ► 1 kg Schweinefleisch zum Braten
- ► 500 g Schweinsleber
- ► 500 g würflig geschnittene Kartoffeln
- ► 1 Liter Rinderbrühe
- ► 1 Lorbeerblatt
- ► Pimentkörner („Neugewürz")
- ► Salz, Pfeffer, Majoran

Zubereitung

Die Zwiebeln würfeln und andünsten. Wenn die Zwiebeln glasig geworden sind, die in Stücke geschnittene Leber zugeben und anrösten. Gegen Ende der Garzeit gibt man Majoran zu, nimmt die Leber vom Feuer und stellt sie beiseite. Die Leber wird noch nicht gesalzen, da sie sonst hart würde!

Das Fleisch in mittelgroße Würfel schneiden und mit den Pimentkörnern und dem Lorbeerblatt ohne jede Wasserzugabe anbraten. Wenn das Fleisch halbgar ist, gibt man die gewürfelten Kartoffeln zu und röstet das Ganze kurz durch. Erst jetzt gießt man die Mischung mit Rinderbrühe auf. Wenn Fleisch und Kartoffeln gar sind, mischt man die Leber darunter und schmeckt das Gericht mit Salz und Pfeffer ab.

Hauptgerichte

══ Österreich

Wiener Tafelspitz

Zutaten

Tafelspitz:

► 1 kg Tafelspitz[1]
► 2 Liter Rinderbrühe
► 50 g Schweineschmalz
► 1 Karotte, 1 Petersilienwurzel
► 1 kleine Stange Lauch
► 1 Zwiebel, 100 g Sellerie
► 1 Knoblauchzehe
► 1 Bund Schnittlauch
► Salz, Pfeffer, schwarze Pfefferkörner, Muskat

Schnittlauchsauce:

► 2 Scheiben Weißbrot
► 100 ml Milch
► 1 Eigelb (gekocht)
► 1 Eigelb (roh)
► 150 ml Distelöl
► 1 Bund Schnittlauch
► Essig, Zucker
► Salz, Pfeffer, Senf

Apfelkrensauce:

► 2 säuerliche Äpfel
► 2-3 EL frisch geriebener Meerrettich (Kren)
► Salz, Zitronensaft

---

[1] Als Tafelspitz wird in Süddeutschland und Österreich das spitz zulaufende zarte Schwanzstück des Rinds bezeichnet.

Zubereitung

Der gewaschene Tafelspitz wird mit Salz und Pfeffer eingerieben und in dem Schweineschmalz kurz von allen Seiten angebraten.

Das Gemüse wird geputzt und nicht zu klein geschnitten. Die Zwiebel wird halbiert. Eine Hälfte verwendet man roh, die andere wird kurz ohne Fett in einer Pfanne gebräunt. Anschließend werden die Zwiebelhälften ebenfalls kleingeschnitten.

Hauptgerichte

Österreich

Wiener Tafelspitz

Zubereitung

Das Fleisch wird mit dem Wurzelgemüse, dem Knoblauch und 1 TL Pfefferkörnern in der Rinderbrühe aufgesetzt und zum Kochen gebracht. Sobald die Flüssigkeit kocht, reduziert man die Hitze und läßt 2 Stunden offen köcheln. Nach insgesamt 2 Stunden Kochzeit schaltet man den Herd aus und läßt das Fleisch noch eine Stunde (besser noch über Nacht) im zugedeckten Topf garziehen. Kurz vor dem Servieren wird die Brühe mit dem Fleisch kurz aufgekocht.

In der Regel serviert man die Brühe als Suppe vor dem Fleisch. In diesem Falle stellt man das Fleisch warm, entfettet die Brühe, schmeckt sie mit Salz, Muskat, etwas Madeira und ein wenig Zitronensaft ab, wärmt kurz durch (nicht kochen, sonst gerinnt sie!) und serviert sie mit Schnittlauchröllchen bestreut. Man schneidet das Fleisch quer zur Faser in fingerdicke Scheiben und richtet es auf einer vorgewärmten Platte an. Man gießt ein wenig von der Brühe zu und streut fein gehackte Schnittlauchröllchen über das Fleisch.

Für die Schnittlauchsauce wird das Weißbrot entrindet, in der Milch gründlich eingeweicht, ausgedrückt und zusammen mit dem gekochten Eigelb, mit Salz, Pfeffer, dem rohen Eigelb, etwas Essig, einer Messerspitze Senf und einer Prise Zucker im Mixer gut verrührt, dann gibt man nach und nach das Öl zu, erst nur tropfenweise und dann etwas schneller. Kurz vor dem Servieren wird noch der feingeschnittene Schnittlauch von Hand untergerührt.

Als Beilage für Tafelspitz serviert man Bratkartoffeln und Apfelkren. Für den Apfelkren werden 2 Äpfel geschält, entkernt und fein gerieben. Dazu gibt man den frisch geriebenen Meerrettich und schmeckt mit Salz und Zitronensaft ab[1].

---

1   In der Saison (ab Spätsommer) kauft man ganzen Meerrettich, den man stangenweise in Plastikfolie einschlägt. Er wird bei Bedarf soweit wie nötig von oben aus geschält und gerieben, den Rest gibt man (immer wieder) in die Tiefkühltruhe. Man kann den Meerrettich ohne weiteres im gefrorenen Zustand reiben. Auf diese Weise hat man immer wunderbar frischen Meerrettich im Haus.

Hauptgerichte

═ Österreich

Gebackener Karpfen

Zutaten

- ▶ 1 kg küchenfertiger Karpfen
- ▶ 2 Eier
- ▶ 1 Zitrone, krause Petersilie
- ▶ Salz, Zitronensaft, Rapsöl zum Braten

- ▶ 100 g Mehl
- ▶ 100 ml Milch
- ▶ Semmelbrösel

Zubereitung

Der Karpfen wird küchenfertig vorbereitet und ausgenommen. Der Kopf wird abgetrennt und kann später zur Zubereitung von Fischfond verwendet werden. Den restlichen Fisch schneidet man quer in 3 cm breite hufeisenförmige Portionsstücke. Diese werden gewaschen und trockengetupft, dann mit Zitronensaft beträufelt und gesalzen. Man läßt den Saft kurz einziehen und wälzt die Stücke dann nacheinander in Mehl, in mit Milch verquirltem Ei und in Semmelbröseln. Anschließend wird der Fisch in Öl gebraten.

Sobald der Fisch fertig gebraten ist, nimmt man ihn mit einem Schöpflöffel aus der Pfanne, tropft gut ab und serviert ihn sofort mit Zitronenscheiben und gehackter krauser Petersilie garniert.

Hierzu passen Bratkartoffeln oder Münchner Kartoffelsalat[1], ein gutes Bier oder ein grüner Veltliner.

---

[1] In Österreich und in Süddeutschland wird der Kartoffelsalat nicht wie in Norddeutschland mit Mayonnaise sondern mit Essig und Öl zubereitet. Festkochende Kartoffeln werden gekocht, gepellt und noch heiß in dünne Scheiben geschnitten. Der Kartoffelsalat wird möglichst heiß mit Salz und Pfeffer gewürzt und mit mildem Wein- oder Apfelessig und mit Pflanzenöl (z.B. Distel- oder Rapsöl) angemacht. Man läßt Essig und Öl einziehen bis der Kartoffelsalat erkaltet ist und mischt dann noch feingeschnittene Schnittlauchröllchen unter den Kartoffelsalat.

Hauptgerichte

 Polen

Linsen auf polnische Art
(Soczewica z grzybami)

Zutaten

- ► 250 g Linsen
- ► 1 kleines Glas Mischpilze
- ► 1 Zwiebel
- ► 1 Lorbeerblatt
- ► Olivenöl, ¼ Liter Gemüsebrühe
- ► Salz, Pfeffer, Mehl, Essig, (Zucker)

Zubereitung

Die Linsen werden über Nacht eingeweicht, wobei das Wasser mehrmals gewechselt wird.

Am nächsten Tag tropft man die Linsen gut ab und stellt sie zur Seite. Die Zwiebel wird geputzt, kleingehackt und in wenig Olivenöl angebraten. Sobald die Zwiebel glasig geworden ist, bestäubt man sie mit Mehl und wartet unter ständigem Rühren bis das Mehl anfängt, braun zu werden. Dann rührt man zunächst die Mischpilze mit dem Wasser unter, gibt das Lorbeerblatt und die Linsen dazu, füllt mit Gemüsebrühe auf und kocht das Ganze zugedeckt bei mittlerer Hitze etwa eine Stunde.

Wenn die Linsen gar sind, schmeckt man mit Salz und Pfeffer ab, nimmt das Lorbeerblatt heraus und nimmt das Gericht vom Feuer. Zum Schluß verfeinert man das Gericht mit wenig mildem Essig. Falls der Essiggeschmack zu stark ist, mildert man ihn mit einer Prise Zucker ab.

Man serviert das Gericht mit Salzkartoffeln oder Spätzle. Es eignet sich als Vorspeise oder als Beilage zu Fleisch- und Wildgerichten.

Vorspeisen

Hauptgerichte

 ## Polen

Saure Roggenschrotsuppe
(Żur)

Zutaten

- ► 500 ml Żur[1]
- ► 1 Bund Suppengrün
- ► 1 Zwiebel
- ► 1 Zitronenscheibe
- ► Öl, Salz, Majoran, geriebener Meerrettich
- ► 300 g feine Kalbsbratwurst
- ► 6 Eier
- ► 2 Knoblauchzehen
- ► 100 ml Schmand (saure Sahne)

---
[1] Żur (vergorener Roggenschrot) ist in polnischen Spezialgeschäften in Halbliterflaschen vorrätig.

Zubereitung

Man schneidet die Wurst in Scheiben, brät sie mit wenig Öl an und stellt sie zur Seite. In einem großen Topf setzt man die Wurstscheiben und das ungeschnittene Suppengrün (Lauch, Sellerie, Karotten) mit kaltem Wasser auf und kocht die Suppe bei geschlossenem Topf eine Stunde lang.

Zwischenzeitlich werden die Eier hartgekocht, abgeschreckt, geschält und geviertelt. Die Zwiebel wird gewürfelt und in der ungereinigten Pfanne goldbraun angebraten. Man nimmt die fertigen Zwiebelstücke mit dem Schöpflöffel aus der Pfanne, tropft sie auf Küchenpapier ab, setzt sie auf einen Teller und stellt sie im auf 90 °C vorgeheizten Backofen warm.

Nachdem die Suppe eine Stunde gekocht hat, entfernt man das Suppengrün und gibt Żur, Majoran, die geschälten Knoblauchzehen, etwas frisch geriebenen Merrettich[1] sowie eine Zitronenscheibe zu der Suppe und kocht die Masse 5 Minuten durch. Dann entfernt man die Zitrone, nimmt den Topf vom Feuer und rührt den Schmand mit einem Löffel Suppe an, bevor man ihn unter die Suppe rührt. Die Suppe darf nun nicht mehr kochen, da sie sonst gerinnt. Die Suppe wird zusammen mit je einem Eiviertel in Suppenteller gefüllt und mit einigen Zwiebelstücken bestreut serviert.

---
[1] Frischer Meerrettich wird in Plastikfolie eingepackt und eingefroren. Bei Bedarf wird nur so viel geschält und im gefrorenen Zustand gerieben wie nötig. So hat man immer frischen Meerrettich zur Hand.

 # Polen

Polnischer Krauttopf mit Pilzen
(Bigos myśliwski z grzybami)

Zutaten

- 100 g durchwachsener Speck
- 2 Zwiebeln
- 200 g geräucherter Schweinebauch
- 500 g Krakauer
- 1 frischer Weißkohl (ca. 2 kg)
- ½ Liter Gemüsebrühe
- Salz, Pfeffer, Zucker, Rotwein

- 1 kg Sauerkraut
- 500 g Mischpilze
- 2 Karotten
- 2 Äpfel
- 2 Lorbeerblätter
- 1 Dose Tomatenmark

Zubereitung

Speck und Zwiebeln werden gewürfelt und auf kleiner Flamme angebraten. Wenn die Zwiebelstücke glasig geworden sind, gibt man Schweinebauch und Wurst zu, die man vorher in mittelgroße Stücke geschnitten hat. Man röstet die Masse etwa 5 Minuten durch und stellt sie dann zur Seite.

Der frische Weißkohl wird geputzt, in schmale Streifen geschnitten, in einem großen Topf kurz angedünstet, dann mit einem halben Liter Gemüsebrühe aufgegossen und 20 Minuten im geschlossenen Topf gekocht. Danach gibt man das Sauerkraut, die geputzten und in Stücke geschnittenen Pilze (bzw. eine Dose Mischpilze mit Wasser), die geraspelten Karotten, die geschälten, entkernten und kleingeriebenen Äpfel, die Lorbeerblätter sowie Fleisch und Zwiebeln zu dem Kohl und kocht alles im geschlossenen Topf bei kleiner Flamme eine weitere Stunde.

15 Minuten vor Ende der Garzeit gibt man etwas Rotwein zu und schmeckt das Gericht mit Salz, Pfeffer und einer Prise Zucker ab.

Bigos wird gewöhnlich in großen Mengen gekocht, da es aufgewärmt besonders gut schmeckt.

Hauptgerichte

 Polen

Mohnstrudel
(Makowiec)

Zutaten

Hefeteig:

- 500 g Mehl
- 3 Eier, 100 ml Milch
- 1 Päckchen Hefe
- 150 g Zucker
- 125 g Butter
- Vanillinzucker
- abger. Zitronenschale
- 1 Prise Salz
- Eigelb zum Bestreichen

Füllung:

- 500 g Mohn
- 250 g Zucker
- 100 g Rosinen
- 50 g Butter
- 50 g geraspelte Mandeln
- Vanillinzucker
- abgeriebene Zitronenschale
- gemahlener Zimt
- 1 Eiweiß

Zubereitung

Man löst die Hefe in der lauwarmen Milch auf und läßt sie 30 Minuten gehen. Dann mischt man das Mehl mit einer Prise Salz, siebt es in eine große Schüssel und macht in der Mitte eine Vertiefung. Hierin füllt man die Eier, arbeitet sie in das Mehl ein und füllt nach und nach die anderen Zutaten ein und verarbeitet die Masse zu einem glatten Teig, den man anschließend zugedeckt eine Stunde gehen läßt.

Der Mohn wird kurz in Wasser aufgekocht. Man nimmt ihn vom Feuer und läßt ihn 30 Minuten ziehen, bevor man das Wasser abgießt und den Mohn im Mixer mahlt. Dann arbeitet man die anderen Zutaten bis auf das Eiweiß ein, das zu Schnee geschlagen und am Schluß untergehoben wird. Auf dem bemehlten Küchentisch rollt man den Teig zu einem langen Rechteck aus, streicht die Füllung auf, rollt den Teig längs auf und setzt die Rolle auf ein gefettetes Backblech. Man läßt 30 Minuten gehen, bevor man die Rolle mit etwas Eigelb bestreicht und 40-50 Minuten im auf 200 °C vorgeheizten Backofen goldgelb backt.

Nachspeisen

 # Luxemburg

Rieslingspastete
(Rieslingspaschtéit)

Zutaten

Teig:
- ► 500 g Mehl
- ► 1 Ei
- ► 125 g Margarine
- ► 125 ml Wasser
- ► Salz
- ► Eigelb zum Bestreichen

Füllung:
- ► 1,5 kg gemischtes Hackfleisch
- ► 3 Zwiebeln
- ► 4 Knoblauchzehen
- ► 3 Lorbeerblätter
- ► 100 ml milder Weinessig, (Zucker)

Gelee:
- ► 6 Blätter Gelatine
- ► 1 Flasche Rieslingwein von der Obermosel (750 ml)
- ► 750 ml Wasser

Zubereitung

Die Zutaten für den Teig werden gemischt und zu einem festen Teig verarbeitet, der in einen Klumpen geformt wird und anschließend zugedeckt mindestens 2 Stunden im Kühlschrank ruhen muß. Für die Füllung werden Knoblauch und Zwiebeln gerieben oder mit dem Mixer zerkleinert und mit dem Hackfleisch und dem Essig gemischt. Man gibt die Lorbeerblätter zu und läßt die Masse über Nacht im Kühlschrank durchziehen. Falls der Essiggeschmack zu stark ist, mildert man ihn mit einer Prise Zucker ab. Am nächsten Tag rollt man den Teig auf dem bemehlten Küchentisch nicht zu dünn aus und kleidet damit Boden und Seiten von zwei Kastenkuchenformen aus. Man füllt die Fleischmasse ohne den Lorbeer ein und legt Teigdeckel auf das Fleisch, in die man je zwei Löcher schneidet. Die Oberseite wird dann mit Eigelb bestrichen und die Pasteten im auf 250 °C vorgeheizten Backofen 15 Minuten gebacken. Dann reduziert man die Hitze auf 200 °C und backt die Pasteten noch weitere 30 Minuten. In dem kalten Wasser löst man die Gelatine auf und bringt sie zum Kochen. Dann rührt man den Wein unter, füllt die Masse durch die Löcher in die erkaltete Pastete und läßt die Masse abkühlen und festwerden.

Vorspeisen

 **Luxemburg**

Luxemburger Rindfleischsalat
(Féierstengszalot)

Zutaten

- ▶ 500 g gekochtes Rindfleisch
- ▶ 2 Frühlingszwiebeln
- ▶ Schmand (saure Sahne)
- ▶ 75 ml Raps- oder Sonnenblumenöl
- ▶ 25 ml Weinessig
- ▶ Salz, Pfeffer, (Zucker)

Zubereitung

Für dieses Gericht werden in der Regel Rindfleischreste verwendet, die in kleine Würfel geschnitten werden.

Man mischt gründlich Essig und Öl und rührt danach vorsichtig einen EL Schmand unter, damit er nicht gerinnt. Man schmeckt mit Salz und Pfeffer ab, gibt eine Messerspitze Zucker zu, falls der Essiggeschmack zu stark ist, hebt die kleingeschnittenen Frühlingszwiebeln unter und gießt diese Masse über die Fleischwürfel.

Man mischt den Salat gut durch und läßt ihn dann mindestens 4 Stunden im Kühlschrank durchziehen, bevor man ihn mit Bratkartoffeln serviert.

 Luxemburg

Schweinenacken mit dicken Bohnen
(Judd mat gaardebounen)

Zutaten

- ▶ 1 kg geräucherter Schweinenacken
- ▶ 1 Stange Lauch, 4 Karotten, 1 Zwiebel, 100 g Sellerie
- ▶ 1 kg frische dicke Bohnen[1]
- ▶ Weißwein
- ▶ 50 g Butter
- ▶ 2 EL Speisestärke
- ▶ Salz, Pfeffer, 1 Lorbeerblatt, Nelken, Bohnenkraut

---

[1]   Wenn man ganze Bohnen kauft, benötigt man etwa 2 kg. Die Schoten kann man im Kochwasser für die Kerne etwa 2 Stunden mit etwas Essig kochen und dann durchseihen. Dies ergibt einen hervorragenden Gemüsefond.

Zubereitung

Man läßt das Fleisch über Nacht wässern, gibt es am nächsten Tag in einen Topf mit frischem Wasser und bringt es langsam zum Kochen. Anschließend schöpft man den Schaum ab und gibt das geputzte und kleingeschnittene Wurzelgemüse und die Gewürze mit Ausnahme des Bohnenkrautes sowie etwas Weißwein hinzu und läßt das Ganze 3 Stunden bei kleiner Flamme zugedeckt kochen.

Danach erhitzt man in einem großen Topf die Butter, rührt die Stärke hinein, läßt heiß werden und gibt nach und nach die Fleischbrühe hinzu. Die Bohnen werden kurz in heißem Wasser blanchiert, abgetropft und samt dem Bohnenkraut und dem Fleisch in die Fleischbrühe gegeben. Man läßt das Ganze noch weitere 30 Minuten bei kleiner Flamme zugedeckt kochen.

Das Fleisch wird herausgenommen, in Scheiben geschnitten und gesondert serviert. Die Bohnen serviert man in einer Terrine und richtet sie mit gehackter Petersilie an. Hierzu werden Salzkartoffeln gereicht.

Hauptgerichte

Hauptgerichte

 # Luxemburg

Flußkrebse auf Luxemburger Art
(Kriibsen op lëtzebuerger Manéier)

Zutaten

- ▶ 60 Flußkrebse
- ▶ 100 g Butter
- ▶ 200 g Karotten
- ▶ 200 g Lauch
- ▶ 200 g Schalotten
- ▶ ½ Liter Weißwein
- ▶ 200 ml Fischsud
- ▶ 250 ml Schmand (saure Sahne)
- ▶ 50 ml Weinbrand
- ▶ Salz, Pfeffer, Estragon, Olivenöl

Zubereitung

Das Gemüse wird geputzt, in kleine Würfel geschnitten, in der Butter ange-schmort und zur Seite gestellt.

Die vorbereiteten Krebse werden in heißem Olivenöl geröstet bis sie die ty-pische krebsrote Farbe annehmen. Dann gibt man Salz und Pfeffer zu und flambiert sie mit dem Weinbrand. Das Ganze wird mit dem Weißwein und dem Fischsud abgelöscht. Man fügt einige Estragonzweige hinzu und läßt kurz durchziehen, bevor man die Krebse aus dem Sud holt und beiseite stellt.

Man reduziert den Sud auf die Hälfte, nimmt ihn vom Feuer, rührt dann den Schmand ein und entfernt nach kurzem Aufwärmen die Estragonzweige. Anschließend gibt man das Gemüse und die Krebse zu und wärmt das Gericht durch, bringt es aber nicht zum Kochen, da sonst der Schmand gerinnen würde. Danach wird das Gericht sofort mit einem guten luxembur-gischen Wein serviert.

 # Spanien

Schichtkäse mit Quittenpüree
(Queso de Burgos con dulce de membrillos)

Zutaten

► 1 kg reife Quitten
► 800 g Gelierzucker

je 4 Portionen Quittenpüree (500 g):

► 500 g Schichtkäse
► süße Sahne

Zubereitung

Die reifen Quitten werden gewaschen und mechanisch von den Härchen befreit, ohne sie zu schälen. Dann werden die gereinigten Quitten geviertelt und der Stiel und das Kerngehäuse entfernt.

Man legt die Quittenstücke in einen Topf und gibt so viel kaltes Wasser zu, daß sie gerade bedeckt sind. Man bringt sie langsam zum Kochen und kocht sie auf kleiner Flamme bis sie völlig weich sind (etwa 1 Stunde). Danach werden die Quitten durch ein Sieb passiert. Der Quittenbrei wird mit dem Zucker vermischt und nochmals 30 Minuten auf kleiner Flamme gekocht, wobei man den Brei mit einem Holzlöffel umrührt, damit er nicht ansetzt.

Man transferiert den heißen Quittenbrei in ein flaches Gefäß und gießt vorsichtig die verbleibende Flüssigkeit ab. Anschließend schüttet man den Brei in ein Glasgefäß und läßt ihn langsam abkühlen und festwerden.

Wenn das Quittenpüree fest geworden ist, schneidet man es in Stücke und serviert es mit Schichtkäsestücken und mit etwas flüssiger süßer Sahne.

Nachspeisen

Hauptgerichte

 **Spanien**

Steinhuhn in Essig
(Perdices en escabeche)

Zutaten

- ► 2 große Steinhühner[1]
- ► Olivenöl
- ► 150 ml Weißwein
- ► 150 ml Weinessig
- ► 2 Zwiebeln
- ► 300 g Karotten
- ► 300 ml Wasser
- ► 4 Knoblauchzehen
- ► 2 Lorbeerblätter
- ► 1 TL schwarze Pfefferkörner
- ► Salz, krause Petersilie, Thymian

1 Statt der rebhuhnähnlichen Steinhühner kann man Huhn, Perlhuhn, Kaninchen oder kleines Wildgeflügel wie Rebhühner, Wachteln oder Fasan verwenden.

Zubereitung

Die Steinhühner werden halbiert, gesalzen und in Olivenöl goldbraun angebraten. Dann fügt man die kleingeschnittenen Zwiebeln, die in Scheiben geschnittenen Karotten, den Knoblauch, die gehackte Petersilie, die Pfefferkörner und ein Leinensäckchen mit Thymian zu und läßt das Ganze 10 Minuten aufkochen. Man mischt Weißwein und Weinessig, gießt die Mischung über das Geflügel und läßt das Gericht bei mittlerer Hitze weitere 10 Minuten kochen. Dann gibt man Wasser zu bis das Geflügel bedeckt ist und kocht das Ganze zugedeckt auf kleiner Flamme etwa eine Stunde, bis sich das Fleisch von den Knochen gelöst hat. Falls der Essiggeschmack zu stark ist, gibt man etwas Zucker zu.

Man läßt das Gericht abkühlen und stellt es mehrere Stunden kalt, bevor man es serviert. Dazu paßt Bauernbrot und ein guter spanischer Wein.

 # Spanien

Spanischer Jägertopf
(Gazpacho Manchego)

Zutaten

- ► 2 kg Wild und Wildgeflügel
- ► 2-3 Lorbeerblätter
- ► 500 g Nudeln aus Spätzleteig
- ► ½ Liter Rotwein
- ► Salz, Pfeffer, Mehl, Olivenöl

- ► 5-6 Knoblauchzehen
- ► 1 Tomate
- ► ½ Liter Rinderbrühe
- ► Schmand (saure Sahne)
- ► Safran, Oregano

Zubereitung

Für dieses Gericht aus der Provinz Albacete werden kleine Wildtiere und Wildgeflügel verwendet[1]. Wenn man kein Wild verwendet, eignen sich Haustiere wie Kaninchen, Perlhuhn und Wachteln. Die Tiere werden gereinigt und die Innereien werden separat verwendet.

Aus 600 g Mehl, 1 Würfel Hefe, 1 TL Salz, 4 EL Olivenöl und einem halben Liter lauwarmem Wasser bereitet man einen Hefeteig, indem man die Hefe in der Hälfte des Wassers auflöst, nach und nach die anderen Zutaten einarbeitet und den fertigen Teig zugedeckt 2 Stunden gehen läßt.

Das Fleisch wird portioniert, mit Salz, Pfeffer und wenig Oregano eingerieben und in reichlich Olivenöl mit dem gehackten Knoblauch und dem Lorbeer von allen Seiten angebraten. Sobald das Fleisch etwas Farbe angenommen hat, nimmt man es kurz vom Feuer, bestäubt es ringsum mit Mehl und röstet das Ganze kurz durch, bevor man die gehäutete und gehackte Tomate zugibt und dann mit Brühe und Rotwein ablöscht. .....

Hauptgerichte

---

1 Der Begriff „Gazpacho" wird in Spanien für verschiedene ganz unterschiedliche Gerichte verwendet. Im Ausland ist besonders der „Gazpacho Andaluz" bekannt, eine kalte Tomatensuppe. Ferner gibt es den „Gazpacho Extremeño", ebenfalls eine kalte Tomatensuppe. Der Gazpacho Manchego hat damit nichts zu tun. Dieses Gericht stammt aus der Provinz Albacete, wo die Leute früher sehr arm waren, da das Klima Landwirtschaft und Viehzucht sehr schwierig macht. Deshalb ergänzten sie ihre Nahrung mit dem Fleisch kleiner Wildtiere wie Hasen, Wildkaninchen, Steinhühnern, Wildtauben und Wachteln.

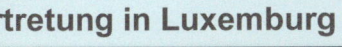 

 **Spanien**

Spanischer Jägertopf
(Gazpacho Manchego)

Zubereitung

Man gibt einige Fäden Safran zu und läßt das Ganze im zugedeckten Topf im auf 180 °C vorgeheizten Backofen 20 Minuten garen, bevor man die Hitze auf 150 °C reduziert und unter gelegentlichem Umrühren eine weitere Stunde garen läßt.

Zwischenzeitlich bereitet man die Nudeln vor[1]. Man kann dafür ein Paket Elsässer „Knepfle" verwenden. Nach einer Garzeit von insgesamt 80 Minuten nimmt man das Gericht kurz aus dem Ofen und mischt die fertigen und gut abgetropften Nudeln unter. Zu diesem Zeitpunkt kann man auch 1-2 Dutzend Weinbergschnecken aus dem Glas mitsamt der Brühe untermischen[2].

Man läßt das Gericht dann noch insgesamt 30 Minuten im Ofen garen, nimmt es heraus, gibt etwas mit einem Löffel Sauce angerührten Schmand zu, rührt gut durch und stellt das Gericht warm, während man auf einem gut geölten Backblech den nicht zu dünnen Hefeteig bei 250 °C knusprig backt. Wenn der Teig fertig ist, setzt man ihn auf den Tisch[3] und füllt die Fleisch- und Nudelmasse ein.

---

1   Früher wurde für das Gericht altbackenes Brot verwendet. Heute gibt es in Spanien in den Supermärkten der Region „Torta de Gazpachos", eine Art Brotteig ohne Hefe, fertig zu kaufen. Die beste Einlage sind aber hausgemachte daumennagelgroße Nudeln aus Spätzleteig (Zubereitung siehe unter „Linsen, Spätzle und Saiten", S. 36).

2   In Spanien verwendet man die gelb-schwarzen Gartenschnecken, die nur mitgedünstet werden, um den Geschmack zu verbessern aber selbst nicht gegessen werden. Sie werden deshalb mit Schale gleich zu Anfang zugegeben. Da Schnecken nach längerer Kochzeit steinhart werden, gibt man die Weinbergschnecken erst zu diesem Zeitpunkt zu.

3   Dieses Gericht wird traditionell für mindestens vier Personen zubereitet. Man deckt den Tisch mit einem zusätzlichen weißen Leinentuch und plaziert darauf den Teig. Unter den Teigrand schiebt man dann ringförmig ein zusammengerolltes Tischtuch, damit die Sauce nicht überläuft, wenn man das Gericht (normalerweise aus einer großen Paellapfanne) auf den Teig kippt. Das Gericht wird traditionell mit großen Holzlöffeln gegessen. Wenn der Gazpacho aufgegessen ist, wird der verbleibende Teig mit einem Pizzarad in Streifen geschnitten und zum Nachtisch umfunktioniert. Wer es gern salzig mag, rollt einige Anchovisfilets in seinen Teigstreifen. Wer es gern süß mag, bestreicht seinen Teigstreifen mit dem wunderbaren spanischen Honig und streut grob gehackte Mandeln darüber, bevor man den Teigstreifen wie einen Pfannkuchen aufrollt.

Hauptgerichte

 Niederlande

Holländische Erbsensuppe
(Erwtensoep)

Zutaten

- ► 300 g gelbe Erbsen
- ► 100 g Schweinespeck
- ► 2 Lorbeerblätter
- ► Salz, Pfeffer

- ► 2 Schweinerippchen
- ► 500 g Suppengrün
- ► ½ Liter Rinderbrühe

Zubereitung

Die Erbsen werden am Vortag in kaltem Wasser über Nacht eingeweicht, wobei das Einweichwasser mehrfach gewechselt wird.

Am folgenden Tag werden die Erbsen mit 1 l kaltem Wasser, der Rinderbrühe, den Rippchen und dem in kleine Würfel geschnittenen Speck aufgesetzt und zum Kochen gebracht. Nach wenigen Minuten reduziert man die Hitze und kocht das Ganze im geschlossenen Topf auf kleiner Flamme etwa 30 Minuten, wobei man den entstehenden Schaum abschöpft und verwirft und das Gericht gelegentlich gut durchrührt, damit es nicht anbrennt.

Nach 30 Minuten fügt man das geputzte und kleingeschnittene Suppengrün (Lauch, Karotten, etwas Sellerie und 1 kleine Zwiebel) hinzu, wobei man ein wenig Sellerie kleinraspelt und beiseite stellt. Man kocht das Ganze weitere 25 Minuten, nimmt das Fleisch aus der Suppe und schmeckt mit Salz und Pfeffer ab. Das Fleisch wird entbeint, kleingeschnitten und der Suppe wieder zugefügt. Man bringt die Masse zum Kochen, läßt sie einige Minuten durchziehen und serviert sofort. Bei Tisch bestreut man die Suppe mit dem rohen Sellerie.

Hauptgerichte

Haupgerichte

 **Niederlande**

Gebackene Seezunge mit Nordseekrabben
(Gebakken tong met garnalen)

Zutaten

▶ 4 küchenfertige Seezungen
▶ 100 g Nordseekrabben[1]
▶ 150 g Butter
▶ gehackte glattblättrige Petersilie
▶ Salz, Pfeffer, Mehl, Zitronensaft

---

1 Die kleinen grauen Garnelen aus dem Wattenmeer heißen kulinarisch „Krabben". Sie sind keine wirklichen Krabben oder Taschenkrebse.

Zubereitung

Die Seezungen werden küchenfertig vorbereitet und ausgenommen, gewaschen und trockengetupft, dann mit Zitronensaft beträufelt und gesalzen und gepfeffert. Man läßt den Saft kurz einziehen, wälzt die Stücke dann nacheinander in Mehl, brät die Fische in Butter in etwa 8 Minuten goldbraun, tropft sie gut ab und stellt sie warm.

Geschälte graue Nordseekrabben (nicht die rosa Tiefseegarnelen!) werden in der ungereinigten Pfanne in der Fischbutter erhitzt. Man löscht mit 3 EL Zitronensaft ab, läßt heißwerden, nimmt die Pfanne vom Feuer und streut eine Handvoll gehackte glattblättrige Petersilie auf die Krabben.

Man serviert die Fische zusammen mit der Krabbensauce mit Bratkartoffeln und Erbsen und Möhren. Im Winter kann man statt Garnelen auch Miesmuscheln verwenden.

 Niederlande

Fruchtschaumcreme
(Haagse bluf)

Zutaten

- ► 2 Eiweiß
- ► 200 ml roter Johannisbeerensaft
- ► 200 g Zucker
- ► 4 Löffelbisquits

Zubereitung

Für „Haagse bluf" kann man den Saft verschiedener Garten- oder Waldfrüchte verwenden, außer dem Saft roter Johannisbeeren z.B. Brombeerensaft, Himbeerensaft, Blaubeerensaft oder auch schwarzen Johannisbeerensaft.

Hierzu werden die gewaschenen Früchte in einem doppelten Küchentuch ausgepreßt, da hierdurch Härchen, Schalen und Kerne am einfachsten entfernt werden. Je nach Art des verwendeten Fruchtsafts verwendet man mehr oder weniger Zucker.

Das Eiweiß wird mit dem Zucker gemischt und mit dem Mixer zu einem festen Schnee geschlagen, in den man nach und nach den Fruchtsaft einrührt. Man schlägt die Masse weiter, bis keine Flüssigkeitsreste mehr vorhanden sind und füllt die Masse dann in gekühlte Portionsgläser ein, die man mit je einem Löffelbisquit dekoriert.

Nachspeisen

Nachspeisen

 **Niederlande**

Apfelkuchen
(Appeltaart)

Zutaten

- ▶ 1 kg säuerliche Äpfel
- ▶ 200 g Zucker
- ▶ 300 g Mehl
- ▶ 2 Scheiben trockenes Weißbrot
- ▶ 2 TL gemahlener Zimt
- ▶ 2 EL Aprikosenkonfitüre

- ▶ 175 g Butter
- ▶ 50 g gewaschene Rosinen
- ▶ 1 Päckchen Backpulver
- ▶ 1 Zitrone
- ▶ 1 EL Vanillesauce

Zubereitung

Mehl und Backpulver werden mit 150 g Zucker und der abgeriebenen Zitronenschale gemischt. Die gekühlte und in Würfel geschnittene Butter wird mit den anderen Teigzutaten zu einem glatten Teig verarbeitet, zu einem Ballen geformt und in Küchenfolie eingeschlagen und mindestens eine Stunde im Kühlschrank aufbewahrt.

Die Äpfel werden geschält, das Kerngehäuse wird entfernt, die Äpfel werden in Scheiben geschnitten und mit Zitronensaft beträufelt. Die Rosinen, der restliche Zucker, der Zimt und die Vanillesauce werden mit den Äpfeln gemischt.

Drei Viertel des Teigs werden auf dem bemehlten Küchentisch ausgerollt, und Boden und Seitenwände einer gefetteten Springform werden damit belegt. Darauf gibt man das entrindete und in kleine Stücke geschnittene Weißbrot (oder 50 g Semmelbrösel) und verteilt darauf die Apfel-Rosinenmischung. Der restliche Teig wird ausgerollt und in dünne Streifen geschnitten, die man in einem Rautenmuster über die Äpfel legt und mit der in 2 EL heißem Wasser aufgelösten Konfitüre bestreicht. Der Kuchen wird dann im auf 175 °C vorgeheizten Ofen goldgelb gebacken (ca. 1 Stunde).

 Rumänien

Pilze auf rumänische Art
(Ciulama de ciuperci)

Zutaten

- 1 kg frische Champignons
- 1 Bund glattblättrige Petersilie
- Salz, Pfeffer

- 50 g Butter
- 2 EL Speisestärke

Zubereitung

Die Pilze werden geputzt, und größere Pilze werden halbiert oder geviertelt. Dann setzt man die Pilze einige Zeit in kaltem Wasser an, dem eine Prise Salz und ein Schuß Essig untergemischt wurde.

Anschließend werden die Pilze aus dem Wasser genommen und in Salzwasser gekocht. Sobald die Pilze gut sind, tropft man sie ab und stellt sie und das Kochwasser beiseite. Dosenpilze sind für dieses Gericht nicht gut geeignet.

Aus Butter und Speisestärke bereitet man eine Mehlschwitze. Sobald sich die Stärke zu verfärben beginnt, löscht man nach und nach mit 100 ml Pilzbrühe ab, rührt die Masse bis sie homogen ist und läßt sie dann kochen, bis sie eingedickt ist wie Schlagsahne. Zu diesem Zeitpunkt fügt man die gut abgetropften Pilze zu, schmeckt mit Pfeffer und wenig Salz ab und läßt die Masse auf kleiner Flamme bei häufigem Umrühren mit einem Holzlöffel weitere 20-30 Minuten köcheln.

Das Gericht wird mit gehackter Petersilie bestreut und möglichst heiß mit „mămăligă", einer Art Polenta serviert.

Zu diesem Gericht aus der Großen Walachei (rumänisch „Muntenia") im südlichen Rumänien (rings um Bukarest) paßt ein kräftiger herber Weißwein (Riesling aus Rumänien oder Riesling oder Elbling von der Obermosel).

Hauptgerichte

Hauptgerichte

 Rumänien

Gefüllte Paprika
(Ardei umpluți)

Zutaten

- 8 rote Paprikaschoten
- 1 Zwiebel
- Minze oder Salbei
- 1 TL Speisestärke
- ¼ Liter Rinderbrühe
- Salz, Pfeffer, gehackter Dill

- 500 g Hackfleisch vom Lamm
- 100 g Reis
- 1 EL Tomatenmark
- Schmand (saure Sahne)
- Schweineschmalz

Zubereitung

Von den Paprikaschoten wird der Deckel abgeschnitten, und die Kerne und die weißen Teile werden sorgfältig entfernt. Ein Bund Minze oder Salbei wird von Hand kleingeschnitten (nicht mit dem Mixer, da sonst die ätherischen Öle verloren gehen). Man mischt das Hackfleisch (nicht zu mager!) mit der gehackten Zwiebel, der Minze, dem gekochten Reis, dem Tomatenmark und etwas gehacktem Dill, schmeckt mit Salz und Pfeffer ab und füllt die Masse in die Paprikaschoten.

In einen Topf gibt man etwas Schweineschmalz und brät die aufrecht stehenden und mit dem Schotendeckel bedeckten Paprikaschoten kurz an, löscht mit Fleischbrühe ab, reduziert dann die Hitze und läßt die Paprikaschoten im geschlossenen Topf auf kleiner Flamme etwa 45 Minuten weichdünsten. Noch besser ist es, wenn man die Paprikaschoten im geschlossenen Topf im auf 180 °C vorgeheizten Ofen fertiggart.

Wenn die Paprikaschoten fertiggegart sind, rührt man die Speisestärke mit etwas Schmand und einem Löffel Kochflüssigkeit an, gießt die Mischung in die Kochflüssigkeit, kocht damit den Fond auf und dickt ihn etwas an. In Rumänien ist es üblich, bei Tisch noch ein Glas Joghurt über die Paprikaschoten zu geben. Im Norden des Landes ersetzt man häufig das Hackfleisch durch Pilze (kurz in Schmalz angebraten oder aus der Dose mit Wasser).

Rumänien

Saure Gemüsesuppe mit Fleischklößchen
(Ciorbă de perişoare)

Zutaten

Suppe:
- ▶ 2 Liter Wasser
- ▶ 2 Karotten
- ▶ 1 Zwiebel
- ▶ 100 g Sellerie
- ▶ 3 Kartoffeln
- ▶ Sauerkrautsaft[1]
- ▶ Liebstöckel[2]

Fleischklößchen:
- ▶ 500 g gemischtes Hackfleisch
- ▶ 1 altbackene Semmel
- ▶ 50 g (2 EL) gekochter Reis
- ▶ 1 Zwiebel
- ▶ 1 Ei
- ▶ Thymian, Dill
- ▶ Salz, Pfeffer

1   In Rumänien verwendet man gewöhnlich „borş", das hierzulande nicht erhältlich ist.
2   Liebstöckel ist auch der Hauptbestandteil von „Maggi"-Würze, die man stattdessen verwenden kann.

Zubereitung

Das Gemüse für die Suppe wird geputzt, kleingeschnitten, in dem kalten Wasser aufgesetzt und auf kleiner Flamme gekocht bis es fast gar ist, aber noch Biß hat.

Die Semmel wird in kaltem Wasser eingeweicht. Dann wird das Wasser ausgedrückt, und die Semmel wird mit dem Fleisch, der fein gehackten Zwiebel, dem Ei, dem Reis und den (von Hand!) kleingeschnittenen Kräutern zu einer homogenen Masse verarbeitet, die mit Salz und Pfeffer abgeschmeckt und mit angefeuchteten Händen zu Fleischbällchen gerollt wird, die anschließend in die Suppe gegeben und mindestens 10 Minuten gekocht werden.

Dann gibt man 100 ml Sauerkraftsaft („zeamă de varză") oder den Saft einer halben Zitrone als Säuerungsmittel zu, rührt um und läßt die Suppe noch weitere 15 Minuten durchziehen. Es ist wichtig, daß die Suppe jetzt nicht mehr kocht, da sie sonst gerinnt. Man serviert die Suppe mit gehacktem Liebstöckel und gibt bei Tisch noch etwas flüssigen Joghurt zu.

Diese Version des in ganz Rumänien anzutreffenden Gerichts stammt aus der Großen Walachei (um Bukarest).

Rumänien

Schichtkäseklößchen
(Papanași prăjiți)

Zutaten

- 400 g Schichtkäse
- 5 EL Mehl
- Semmelbrösel
- 1 Päckchen Vanillinzucker
- abgeriebene Zitronenschale

- 2 Eier
- 2 EL Weizengrieß
- 1 TL Rum
- Butterschmalz
- Salz

Zubereitung

Die Eier werden getrennt. In einer großen Schüssel verarbeitet man den Schichtkäse mit dem Mehl, dem Grieß, den beiden Eigelb, dem Rum, dem Vanillinzucker, einer Prise Salz und der abgeriebenen Schale einer halben Zitrone zu einer homogenen Masse. Das Eiweiß wird zu einem steifen Schnee geschlagen und vorsichtig unter diese Masse gehoben.

Mit einem Löffel sticht man Stücke von der Masse ab und formt sie mit bemehlten Händen zu runden Klößchen, die man anschließend in Semmelbröseln wälzt und in Butterschmalz goldgelb ausbackt.

Man bestreut die fertigen Klößchen mit etwas Puderzucker und serviert sie noch warm mit Schlagsahne.

Dieses Gericht stammt aus der zu Rumänien gehörigen Westlichen Moldauregion und heißt dort deshalb auch „Moldauer Käseklößchen".

Nachspeisen

 **Portugal**

Schweinefilet mit Muscheln
(Lombo de Porco com Amêijoas)

Zutaten

- ▶ 800 g Schweinelende
- ▶ 4 Knoblauchzehen
- ▶ 2 EL Paprikapaste („massa de pimentão")[1]
- ▶ 4 EL Schweineschmalz
- ▶ 1 kg Venusmuscheln
- ▶ Salz, Pfeffer, Öl, Koriander

1   Portugiesische Paprikapaste ist in Luxemburg in portugiesischen Geschäften erhältlich. Falls diese nicht erhältlich ist, kann man kroatische Ajvarpaste verwenden, der man etwas Salz beigemischt hat.

Zubereitung

Das Schweinefleisch wird von oben quer zur Faser in daumenbreiten Abständen eingekerbt, damit die Gewürze besser einwirken können.

Die geschälten Knoblauchzehen werden im Mörser zerstampft und mit 1 TL Meersalz gründlich vermischt. Dann wird das Fleisch mit der Knoblauchpaste und der Paprikapaste eingerieben, die man einen Tag im Kühlschrank einziehen läßt. Am nächsten Tag röstet man in einem großen Topf das Fleisch in dem Schweineschmalz an. Man würzt mit etwas Pfeffer und (falls noch erforderlich) mit etwas Salz.

Ein großer Topf wird mit ganz wenig Öl erhitzt, und die Muscheln werden in den heißen Topf geschüttet. Man schließt den Topf mit einem Deckel und schüttelt ihn gelegentlich, damit alle Muscheln gleichmäßig erhitzt werden.

Nach einigen Minuten, wenn sich die Muscheln geöffnet haben, gibt man sie mit der Brühe zu dem Fleisch, rührt um und serviert das Gericht sofort mit neuen Kartoffeln und Zitronenscheiben. Zum Servieren richtet man das Gericht mit etwas gehacktem Koriander an.

Hauptgerichte

Hauptgerichte

 # Portugal

Ziegenschmortopf auf portugiesische Art
(Chanfana)

Zutaten

- 3 kg Ziegenfleisch
- 1 Zwiebel
- 100 ml Olivenöl
- 2 gehäufte TL Pfeffer
- Salz, 1 Prise Muskat, 1 Lorbeerblatt, 1 Sträußchen krause Petersilie
- 1½ Liter Rotwein

- 150 g durchwachsener Speck
- 3 Knoblauchzehen
- 1 EL Schweineschmalz
- 1 EL Paprikapulver (edelsüß)

Zubereitung

Man schneidet den Speck und die Zwiebel in kleine Stücke und dünstet sie mit ein wenig Olivenöl an. Sobald die Zwiebeln glasig geworden sind, fügt das restliche Öl und das Schweineschmalz zu.

Sobald das Fett heiß ist, fügt man das in mittelgroße Stücke geschnittene Ziegenfleisch, die fein gehackten Knoblauchzehen und die Gewürze ohne die Petersilie hinzu und röstet die Masse etwa 15 Minuten gut durch. Dann fügt man den Rotwein[1] zu, rührt gut um und stellt den geschlossenen Topf in den auf 225 °C vorgeheizten Backofen. Nach 45 Minuten reduziert man die Hitze auf 120 °C und läßt das Gericht weitere 3-4 Stunden kochen. Falls nötig gibt man etwas mehr Wein zu.

Danach stellt man den Ofen aus und läßt das Gericht über Nacht im Ofen. Am nächsten Tag wird das Gericht durchgewärmt und mit gehackter Petersilie bestreut serviert. Hierzu reicht man Ofenkartoffeln und körnigen Reis.

---

1   Diese Version des Gerichts stammt aus der Region von Bairrada (Beira Litoral). Falls man keinen portugiesischen Wein verwendet, eignen sich Spätburgunder (Pinot Noir) aus Luxemburg, Deutschland, dem Elsaß oder Burgund. Für das Gericht verwendet man nach Möglichkeit Fleisch von ausgewachsenen Tieren, vor allem Nacken- und Rückenstücke. Das Fleisch wird entbeint und in mittelgroße Stücke geschnitten. Statt Ziege kann man auch Rindfleisch verwenden (Mittelbug).

 **Portugal**

Grünkohl auf portugiesische Art
(Caldo Verde)

Zutaten

- ► 500 g mehlig kochende Kartoffeln
- ► 1-2 Chorizos (oder 4 Mettwürstchen)
- ► 1 Zwiebel oder 4 Knoblauchzehen
- ► 500 g küchenfertiger Grünkohl
- ► 2 Liter Wasser, Olivenöl

Zubereitung

Die geschälten Kartoffeln werden mit der geputzten Zwiebel oder den geschälten Knoblauchzehen und den mit einer Gabel angestochenen Würsten in viel kaltem Wasser aufgesetzt. Man bringt die Masse zum Kochen und kocht auf kleiner Flamme weiter bis die Kartoffeln zu zerfallen beginnen (30-40 Minuten). Man entnimmt die Würste und stellt sie zur Seite, tropft das Gemüse ab und püriert es[1]. Dann füllt man den Gemüsebrei wieder mit der Brühe auf, gibt den geputzten Grünkohl[2] mit etwas Olivenöl zu und kocht den Kohl anschließend weich.

Wenn der Kohl weich geworden ist, schneidet man die Würste in Ringe, rührt sie unter die Masse und läßt noch 5 Minuten kochen. Falls nötig schmeckt man mit etwas Salz ab. Das Gericht wird nicht gepfeffert oder anderweitig gewürzt.

---

1 Falls man das Gemüse mit dem Mixer püriert, muß man beim Erhitzen vorsichtig sein, daß die Masse nicht gerinnt.

2 Grünkohl ist im Rohzustand praktisch unverdaulich. Er wird deshalb in Nordeuropa erst nach dem ersten Frost verwendet, da das gefrierende Wasser die Zellwände aufbricht und die Nährstoffe erschließt. Deshalb eignet sich tiefgefrorener Grünkohl oder fertiger Grünkohl aus dem Glas sehr gut für dieses Gericht. In Portugal kann man sich nicht auf den Frost verlassen. Deshalb werden dort meist glattblättrige Varianten angebaut. Die Blätter werden vorgereinigt und in hauchdünne Streifen („em caldo" = für die Suppe) geschnitten. Die geschnittenen Streifen werden dann unter viel fließendem Wasser gewaschen bis das Wasser nicht mehr vom Kohlsaft grünlich gefärbt ist. Man blanchiert die Kohlstreifen kurz in kochendem Wasser und schreckt sie mit eiskaltem Wasser ab, dem man etwas Olivenöl beigefügt hat (das bewahrt die grüne Farbe). Dann gibt man sie zu der Gemüsebrühe. Küchenfertiger Grünkohl kann direkt verwendet werden und braucht nur eine kurze Garzeit.

Hauptgerichte

 **Portugal**

Portugiesische Cremetörtchen
(Pastéis de Nata)

Zutaten

Teig: ► 4 Pakete Blätterteig, 100 g Butter

Füllung: ► 500 ml Sahne
► 100 g Butter   ► 8 Eigelb
► 2 TL Speisestärke ► 200 g Zucker
► abgeriebene Schale einer Zitrone

Zubereitung

In Portugal findet man diese Törtchen meist unter dem Namen „Pastéis de Belém". Außerhalb Portugals heißen sie einfach „Pastéis de Nata".

Die Zutaten für die Füllung werden gemischt, schaumig geschlagen und unter Rühren auf dem Wasserbad erhitzt. Man nimmt die Masse vom Feuer und läßt sie vollkommen abkühlen, bevor man sie in den Teig füllt. Für den Teig verwendet man fertigen Blätterteig oder stellt ihn selbst her[1]. Der Blätterteig wird dreilagig verwendet, wobei man die Teigblätter jeweils mit angewärmter Butter bestreicht und anschließend runde Teigstücke in der Größe der verwendeten Backformen ausschneidet[2]. Man füllt die Sahnemasse in den Teig ein und backt die Törtchen im auf mindestens 250 °C erhitzten Backofen goldgelb. Man kann die fertigen Törtchen noch mit Puderzucker (Südportugal) oder Zimt (Nordportugal) bestreuen.

1   Man braucht dazu 500 g Mehl, 400 g Butter, eine Prise Salz und ein wenig Wasser. Man mischt das Mehl mit der Hälfte der angewärmten Butter und dem Salz zu einem glatten Teig. Falls nötig gibt man sehr wenig lauwarmes Wasser zu, um den Teig besser verarbeiten zu können. Man rollt den Teig dünn aus und läßt ihn 30 Minuten ruhen. Dann arbeitet man die restliche Butter ein, rollt den Teig dünn aus und läßt wieder ruhen. Nach der zweiten Ruhepause knetet man den Teig kurz durch, rollt ihn dann hauchdünn aus und verarbeitet ihn wie oben beschrieben.

2   Bei Verwendung napfförmiger Einzelformen stülpt man eine Form auf den Teig und schneidet um ihren Rand die Teigstücke mit dem Messer aus. Bei Verwendung von Muffinblechen nimmt man einen Kochring als Schablone. Man drückt die Teigstücke mit dem Daumen in die gefettete Backform und zieht dann den Teig mit den anderen Fingern von unten mindestens 5 mm weiter als den Formrand aus, damit die Füllung nicht mit dem Blech in Kontakt kommt, wenn sie beim Ausbacken aufschäumt.

 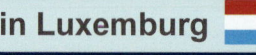 

 Finnland

Finnischer Räucherfischsalat
(Savukalasalaatti)

Zutaten

- ► 500 g geräucherte Ostseeheringe[1]
- ► 1 Kopfsalat
- ► 3 große Pellkartoffeln
- ► 2 Äpfel
- ► 3 hartgekochte Eier
- ► Schnittlauch, glattblättrige Petersilie
- ► Salz, Pfeffer, Weinessig, Olivenöl, Senf, (Zucker)

---

[1] Neben dem normalen Hering (Clupea harengus) kommt in der salzarmen nördlichen und östlichen Ostsee eine kleinere Unterart vor, der Strömling oder Ostseehering (Clupea harengus membras). Stattdessen kann man normale Bücklinge verwenden.

Zubereitung

Die geräucherten Heringe werden filettiert und gehäutet, und die Filetstücke werden in bißgroße Stücke geteilt.

Die Kartoffeln werden bereits am Vortag gekocht, gepellt und kühl aufbewahrt. Am nächsten Tag werden die Kartoffeln und die geschälten und vom Kerngehäuse befreiten Äpfel in Stücke geschnitten und mit dem Fisch, den vorbereiteten Salatblättern, den halbierten Eiern, einem Bund kleingeschnittenem Schnittlauch und ein wenig gehackter glattblättriger Petersilie vermischt.

Für das Dressing mischt man Essig und Öl, rührt einen TL Senf unter und schmeckt mit Salz und Pfeffer ab. Falls der Essiggeschmack zu stark ist, gibt man noch eine Prise Zucker zu. Man gießt das Dressing über den Salat und läßt die Masse im Kühlschrank mindestens zwei Stunden durchziehen, bevor man den Salat serviert.

Vorspeisen

✚ Finnland

Blaubeerkuchen
(Mustikkatorttu)

Zutaten

Hefeteig:
- ► 150 ml Milch
- ► 75 g Zucker
- ► 300 g Mehl
- ► 1 TL gemahlener Kardamon

- ► 1 Päckchen Hefe
- ► 60 g Butter
- ► 1 Ei
- ► 1 Prise Salz

Füllung:
- ► 500 g Blaubeeren
- ► 1 TL Speisestärke

- ► 50 g Puderzucker
- ► 1 Ei zum Bestreichen

Zubereitung

In einem Topf die Butter erwärmen und Milch und Kardamon hinzufügen. Die Masse erwärmen und über die zerkrümelte Hefe gießen. Zucker, Mehl und Salz werden der Masse zugefügt, und das Ganze wird zu einem glatten Teig verarbeitet. Den fertigen Teig bedeckt man mit einem Tuch und läßt ihn 30 Minuten gehen. Dann wird der Teig kurz durchgeknetet und auf einem bemehlten Küchentisch ausgerollt. Zwei Drittel des Teigs werden auf dem Boden und der Wand einer gut gefetteten Kuchenform ausgelegt.

Die gewaschenen Blaubeeren, Puderzucker und Speisestärke werden gemischt und auf dem Kuchenboden ausgebracht. Der verbleibende Hefeteig wird zu einem dünnen Strang geformt, der anschließend kreuzweise über die Blaubeeren gelegt und mit dem verquirlten Ei bestrichen wird.

Anschließend wird der Kuchen im auf 200 °C vorgeheizten Backofen etwa 30 Minuten gebacken, bis der Teig goldgelb ist.

Nachspeisen

 Finnland

Fisch im Brotteig
(Kalakukko)

Zutaten

Teig:
- 1 kg Roggenmehl
- 1 Päckchen Hefe
- ½ Liter Wasser

- 250 g Weizenmehl
- 50 g Butter
- 1 TL Salz

Füllung:
- 1 kg kleine Süßwasserfische
- 250 g durchwachsener Speck

- 3 TL Salz

Zubereitung

Dieses Gericht aus dem östlichen Finnland (rund um Kuopio) wurde ursprünglich als transportable Mahlzeit für die Holzfäller zubereitet, die zu weit draußen im Wald arbeiteten, um zum Mittagessen nachhause zu kommen und deshalb eine nahrhafte Mahlzeit mitnahmen.

Der Teig darf deshalb weder zu steif noch zu weich sein, da sonst die Flüssigkeit durchsickern würde. Für dieses Gericht eignen sich Fische, die nicht größer als 30 cm sind. In Finnland verwendet man meistens Barsche. Notfalls kann man kleinere Zander, Regenbogenforellen oder Filets vom Hecht verwenden. In Finnland verwendet man meist ungeräucherten Speck. Nimmt man Räucherspeck, reduziert man die Salzmenge für die Füllung um die Hälfte.

Die Hefe wird im lauwarmen Wasser aufgelöst, dann gibt man die Hälfte des Roggenmehls, Salz und die geschmolzene Butter zu und arbeitet die Masse gut durch. Man läßt den Teig zugedeckt eine halbe Stunde gehen, arbeitet dann den Rest des Mehls ein und läßt den Teig weitere 15 Minuten gehen.

......

Hauptgerichte

Hauptgerichte

 Finnland

Fisch im Brotteig
(Kalakukko)

Zubereitung

Zwischenzeitlich werden die Fische geputzt, gehäutet und gesalzen. Kopf und Schwanz werden entfernt. Der Speck wird in Scheiben geschnitten.

Der Teig soll möglichst hart werden aber nicht brechen. Auf einem stark bemehlten Küchentisch rollt man den Teig etwa 12-15 mm dick aus. Da das Roggenmehl stark klebt, muß man auch das Nudelholz gut bemehlen.

Dann gibt man lagenweise Fische und Speck in die Mitte des Teigs, wobei die Fische alle in einer Richtung liegen müssen. Anschließend schlägt man vorsichtig den Teig hoch, schließt ihn oben sorgfältig (falls man die Hände vorher anfeuchtet, gelingt dies einfacher und besser) und bürstet vorsichtig überstehendes Mehl von dem Teig. Es empfiehlt sich, oben ein Zeichen anzubringen, in welcher Richtung der Fisch im Teig liegt, damit man das Brot später quer zum Fisch schneiden kann.

Das fertige Brot wird auf gut gefettetes Backpapier gesetzt, damit es hinterher nicht klebt, und im auf 250 °C vorgeheizten Backofen 30 Minuten gebacken. Dann reduziert man die Hitze auf 120 °C, nimmt das Brot kurz aus dem Ofen, bestreicht die Brotkruste mit viel Butter, bedeckt das Brot mit feuchtem Backpapier und einer doppelten Lage Aluminiumfolie (früher nahmen die Hausfrauen feuchte Zeitungen) und backt es anschließend mindestens vier Stunden.

Wenn man das Brot aus dem Ofen nimmt, wickelt man es dick in Küchentücher ein, damit es nicht zu schnell auskühlt. Alternativ schaltet man den Ofen aus und läßt das Brot über Nacht auskühlen. Das Brot muß gut ruhen, dann läßt es sich besser schneiden und hat auch einen besseren Geschmack. Man schneidet es quer zu den Fischen in dicke Scheiben und serviert es mit etwas zerlassener Butter.

 **Belgien**

Lütticher Salat
(Salade liégoise)

Zutaten

▶ 1 kg frische grüne Bohnen
▶ 1 kg festkochende Kartoffeln
▶ 400 g durchwachsener Speck
▶ 3 Zwiebeln
▶ 1 Knoblauchzehe
▶ 50 ml milder Apfel- oder Weinessig
▶ Salz, Pfeffer, Olivenöl, (Zucker), krause Petersilie

Zubereitung

Die Kartoffeln werden gekocht, gepellt und in Scheiben geschnitten. Die Bohnen werden geputzt und in Salzwasser kurz gekocht, damit sie noch bißfest sind. Die Bohnen werden in große Stücke geschnitten und mit den Kartoffeln vermischt. Den kleingeschnittenen Speck brät man mit den kleingeschnittenen Zwiebeln und dem feingehackten Knoblauch in wenig Öl an. Wenn die Zwiebeln glasig gedünstet sind, löscht man diese Masse mit dem Essig ab, gibt die Masse über den Salat, mischt gut durch und schmeckt mit Salz und Pfeffer und (falls nötig) mit einer Prise Zucker ab.

Der fertige Salat wird mit etwas Petersilie angerichtet.

Vorspeisen

Hauptgerichte

Belgien

Rindergulasch auf flämische Art
(Vlaams stoofvlees)

Zutaten

- ▶ 1 kg Rindfleisch
- ▶ 50 g Butterschmalz
- ▶ 1 große Scheibe Roggenbrot
- ▶ ½ Liter Rinderbrühe
- ▶ ¼ Liter dunkles flämisches Bier
- ▶ 1 EL Senf, Salz, Pfeffer, Thymian

- ▶ 1 kg Zwiebeln
- ▶ 100 g Zucker
- ▶ 50 ml Essig
- ▶ 1 Knoblauchzehe
- ▶ 3 EL Speisestärke

Zubereitung

Das grob gewürfelte Fleisch wird in einem gußeisernen Topf in Butterschmalz angebraten, mit Salz und Pfeffer gewürzt und dann beiseite gestellt.

In dem verbleibenden Bratensatz erhitzt man nun die gewürfelten Zwiebeln und den fein gehackten Knoblauch. Wenn die Zwiebeln glasig geworden sind, fügt man das Bier zu und läßt die Flüssigkeit auf die Hälfte reduzieren.

Jetzt gibt man das Fleisch wieder zu, füllt mit der Brühe auf und gibt den Thymian in einem Leinensäckchen in die Flüssigkeit. Auf die Flüssigkeit setzt man das mit dem Senf bestrichene und mit dem Zucker überhäufte Brot, schließt den Topf und läßt das Ganze im auf 120 °C vorgeheizten Backofen zwei Stunden kochen. Dann nimmt man das Gericht aus dem Ofen, entfernt den Thymian und rührt es gut durch.

Anschließend mischt man den Essig mit der Speisestärke, rührt die Masse unter das Gericht und wärmt das Ganze auf dem Herd auf kleiner Flamme etwa 10 Minuten durch. Hierzu reicht man Fritten und ein flämisches Bier.

 **Belgien**

Birnen in Sirup
(Cûtes peûres - Poires cuites)

Zutaten

► 1 kg feste Birnen
► 150 g Zucker
► 2 TL gemahlener Zimt
► 100 ml Wasser

Zubereitung

Die Birnen werden gewaschen, abgetropft und dicht nebeneinander aufrecht in eine feuerfeste Form gestellt.

Das Wasser wird aufgekocht, vom Feuer genommen und mit Zucker und Zimt gründlich zu Sirup verrührt.

Der heiße Sirup wird über die Birnen verteilt. Dann werden die Birnen im geschlossenen Topf eine Stunde im auf 180 °C vorgeheizten Backofen erhitzt bis sie völlig weichgekocht sind.

Man nimmt den Topf aus dem Ofen und läßt ihn langsam auskühlen. Die ausgekühlten Birnen werden mit mit Puderzucker bestreutem Schmand (saurer Sahne) oder mit Schlagsahne und flüssiger Schokolade serviert.

Typisch belgisch ist es auch, die Birnen mit Chicorée-Konfitüre („confit de chicons") zu servieren[1]. Hierfür nimmt man 6 mittelgroße Chicorées, entfernt die Wurzelscheibe und die äußeren Blätter und schneidet den Rest in 5 mm breite Stücke. In 250 ml Wasser kocht man den Chicorée. Wenn die Stücke halbgar sind (etwa 10 Minuten), gibt man 1 EL Apfelkraut („sirop de Liège") dazu und rührt die Masse um. Man läßt aufkochen und rührt dann den Saft einer Zitrone, 200 g Zucker und 1 TL rosa Pfefferkörner unter die Masse. Dann reduziert man die Hitze und läßt die Masse unter häufigem Umrühren mit einem Holzlöffel etwa 20 Minuten einkochen. Falls die Masse zu dickflüssig wird, kann man ein wenig Wasser zugeben. Man füllt die Masse in Gläser, die man verschlossen im Kühlschrank aufbewahren kann. Chicorée-Konfitüre ist eine hervorragende Beilage für Wildgerichte.

[1]   Man serviert entweder die ganzen Birnen und gibt etwas Konfitüre ringsherum auf den Teller oder man halbiert die Birnen, entfernt das Kerngehäuse und füllt je 1 EL Chicorée-Konfitüre in die Höhlung.

Nachspeisen

Hauptgerichte

Belgien

Aal in Kräutersauce
(Paling in 't groen)

Zutaten

- ▶ 1 kg frischer Aal
- ▶ 300 g frische Kräuter
- ▶ Speisestärke
- ▶ Salz, Pfeffer

- ▶ 1 Zwiebel
- ▶ Butter, Mehl
- ▶ Weißwein, Fischbrühe

Zubereitung

Man läßt den Fisch vom Händler häuten, reinigt ihn innen und außen sorgfältig, entfernt die Gräten auf dem Rücken und schneidet ihn in 4-5 cm lange Stücke, die mit Salz und Pfeffer gewürzt und mit Mehl bestäubt werden.

Die Zwiebel wird möglichst klein gehackt und in Butter angebraten. Sobald die Stücke glasig gedünstet sind, gibt man den Fisch zu und brät ihn von allen Seiten goldbraun an.

Frische Küchenkräuter[1] werden gewaschen und von Hand möglichst klein geschnitten. Auf keinen Fall dürfen sie im Mixer zerkleinert werden, da dadurch die ätherischen Öle zerstört würden. Man setzt die Kräuter in einer Mischung von Wein und Fischbrühe auf und bringt die Masse kurz zum Kochen.

Dann gibt man die Masse zu dem Fisch, wärmt durch und läßt den Fisch im geschlossenen Topf auf kleiner Flamme garen (ca. 10-12 Minuten). Der Fisch muß gar sein, darf aber nicht zerfallen. Wenn der Fisch gar ist, nimmt man ihn aus dem Sud, dickt den Sud mit etwas Speisestärke an, gibt den Fisch wieder zu und serviert sofort mit etwas gehacktem Kerbel bestreut. Hierzu reicht man Bauernbrot, Bratkartoffeln oder Pommes frites.

---

1   Je nach Verfügbarkeit oder Jahreszeit kann man verschiedene Kräuter verwenden. Wichtig sind vor allem Kerbel und Petersilie. Außerdem sollte etwas Sauerampfer oder stattdessen junge Spinatblätter zugegeben werden. Je nach Geschmack kann man noch kleine Mengen Estragon, Zitronenmelisse, Kresse, Thymian, usw., hinzufügen.

 Tschechische Republik

Böhmischer Schweinsbraten
(Vepřová pečeně)

Zutaten

► 1 kg Schweineschulter
► ½ Liter Rinderbrühe
► Suppengrün (Lauch, Sellerie, Karotten)
► 1 Zwiebel
► 100 ml Bier
► Schweineschmalz
► Salz, Pfeffer, Kümmel, 1 Lorbeerblatt

Zubereitung

Das Gemüse wird geputzt und kleingeschnitten. Der Braten wird vorbereitet, indem man die Fettschicht rautenförmig einkerbt und den Braten mit Salz, Pfeffer und Kümmel einreibt.

In einem gußeisernen Topf brät man in dem heißen Schweineschmalz das Gemüse und den Braten kurz an. Dann löscht man mit der Hälfte der Brühe ab, legt das Fleisch mit der Fettschicht nach oben, schließt den Deckel und dünstet das Ganze im auf 220 °C vorgeheizten Backofen zwei Stunden, wobei man alle 20 Minuten etwas Brühe zugießt.

Zum Schluß nimmt man den Deckel ab, löscht den Braten mit dem Bier ab und läßt ihn weitere 15-20 Minuten kroß braten. Erforderlichenfalls gibt man noch etwas Brühe zu. Wenn man den Braten aus dem Topf nimmt, löst man den Fond mit etwas Bier und schmeckt die Sauce mit Salz und Pfeffer ab.

Hierzu reicht man böhmische Knödel und Sauerkraut oder mit Speck und Zwiebeln gedünstetes kleingeschnittenes Weißkraut.

Hauptgerichte

Hauptgerichte

 Tschechische Republik

Böhmische Knödel
(České knedlíky)

Zutaten

- ▶ 500 g Weizenmehl Typ 1050[1] („polohrubá")
- ▶ 3-4 Eier
- ▶ ½ Liter Milch
- ▶ 60 g Butter (bei Verwendung von Semmeln)
- ▶ 1 Päckchen Hefe
- ▶ 1 TL Salz, Wasser, Muskatnuß

---

[1]   Stattdessen kann man auch 7-8 altbackene und entrindete Semmeln verwenden, die kleingerieben, in Butter angeröstet und mit den anderen Zutaten vermischt werden. In diesem Falle braucht man keine Hefe, und die Wartezeit verkürzt sich auf 30 Minuten.

Alternativ kann man die Knödel auch aus einer Mischung von Mehl und Semmeln herstellen.

Zubereitung

Man löst den Hefewürfel in der lauwarmen Milch auf und verarbeitet diese Masse mit dem Mehl, den Eiern, dem Salz und einer Prise Muskatnuß zu einem glatten Teig. Der Teig wird gut durchgeknetet. Dann stellt man ihn mit einem Tuch bedeckt zur Seite und läßt ihn 90 Minuten gehen. Der Teig wird nochmals durchgeknetet, und man läßt ihn weitere 30 Minuten gehen.

Man formt den fertigen Teig zu einer langen Rolle, die man in ein Leinentuch oder in gebuttertes Backpapier einwickelt und so 20 Minuten auf kleiner Flamme in siedendem Salzwasser kocht. Man hebt die fertige Knödelmasse aus dem Wasser und zerteilt sie mit einem Nähfaden in einzelne Scheiben. Man reicht sie als Beilage zu Fleischgerichten oder brät sie in Butter oder Schweineschmalz an und reicht sie als Teil eines kleinen Imbisses.

Zu Schweinsbraten mit Knödeln paßt Weißkraut: 1 gehackte Zwiebel und 100 g gewürfelter durchwachsener Speck werden in wenig Öl angebraten. Dann gibt man 1 EL Kümmel und 1 kg fein geschnittenes Weißkraut dazu, das man scharf anbrät. Man löscht mit Rinderbrühe, gibt Salz, Pfeffer und 1 Lorbeerblatt zu und läßt bei zugedecktem Topf auf kleiner Flamme weichdünsten. Durch Zugabe von Wein kann man das Gericht verfeinern.

 Tschechische Republik

Obstknödel
(Ovocné knedlíky)

Zutaten

- ► 300 g Weizenmehl Typ 1050
- ► 60 g Zucker
- ► 1 Ei
- ► 250 g Heidelbeeren oder Aprikosen[1]

- ► 1 Päckchen Hefe
- ► 125 ml lauwarme Milch
- ► Puderzucker, Sahne, Butter

---

1   Stattdessen kann man Obstknödel auch mit Holunderbeeren, Kirschen, Erdbeeren oder Äpfeln zubereiten.

Zubereitung

Mehl und Zucker werden gemischt, darüber wird die Hefe zerkrümelt; das Ganze wird mit der lauwarmen Milch begossen, gut durchgearbeitet und mit einem Tuch bedeckt 20 Minuten zur Seite gestellt. Dann wird das Ei in den Teig eingearbeitet, und man läßt den Teig nochmals eine Stunde gehen.

Anschließend zerteilt man den Teig mit einem Löffel in Portionen, öffnet den Teig, ohne ihn zu sehr zu quetschen und füllt ihn mit den Früchten. Sehr reife Früchte werden nur gewaschen und können roh verwendet werden. Es ist aber besser, die gewaschenen (und bei Aprikosen entsteinten und in Stücke geschnittenen) Früchte mit wenig Zucker und einer geringen Menge Wasser zu Kompott zu verkochen, bevor man sie in die Knödel füllt. Etwas Kompott behält man zum Anrichten.

Man läßt die gefüllten Knödel nochmals 10 Minuten gehen und kocht sie dann in kochendem Wasser mindestens 2 Minuten von jeder Seite. Mit einem Schöpflöffel holt man die Knödel aus dem Kochwasser, tropft sie gut ab und serviert sie sofort.

Dafür werden die Knödel vorsichtig geöffnet. Man gibt wenig Kompott zu, bestreut mit etwas Puderzucker und serviert die Knödel mit zerlassener Butter, mit leicht angeschlagener Sahne (sie darf nicht fest werden) und eventuell noch mit etwas zerkrümeltem Schichtkäse.

Nachspeisen

Tschechische Republik

Rinderbraten in Sahnesauce
(Svíčková)

Zutaten

- ▶ 600 g Rinderbraten (Filet, Hüfte oder Mittelbug)
- ▶ 200 g Wurzelgemüse (Karotten, Petersilienwurzel[1], Sellerie)
- ▶ 40 g fetter Speck (grün oder geräuchert)
- ▶ 1 Zwiebel
- ▶ 200 ml Schmand (saure Sahne)
- ▶ 4 schwarze Pfefferkörner, 1 Lorbeerblatt
- ▶ Salz, Pfeffer, Thymian, Raps- oder Distelöl

---

1 Achten Sie darauf, Petersilienwurzel nicht mit Pastinaken zu verwechseln, die trotz gleichen Aussehens völlig anders schmecken!

Zubereitung

Das gut abgehangene Rindfleisch wird bei Zimmertemperatur verarbeitet und darf nicht direkt aus dem Kühlschrank kommen. Man bepinselt das Fleisch zunächst mit etwas Öl und läßt das Öl 20 Minuten einziehen. Dann wird es in einem gußeisernen Topf in Öl von allen Seiten angebraten und anschließend mit Salz und Pfeffer gewürzt. Dann gibt man das kleingeschnittene Wurzelgemüse, die kleingeschnittene Zwiebel, den fein geschnittenen Speck und die restlichen Gewürze zu, läßt kurz durchrösten und löscht mit etwas Wasser oder Rinderbrühe ab.

Nun läßt man das Gericht im geschlossenen Topf im auf 180 °C vorgeheizten Backofen 50 Minuten garen. Dann reduziert man die Hitze auf 120 °C, nimmt den Topf aus dem Ofen, nimmt das Fleisch aus der Sauce, tropft ab, legt das Fleisch auf einen Teller und läßt es anschließend im Ofen so noch etwas nachgaren. Zwischenzeitlich nimmt man die Pfefferkörner und das Lorbeerblatt aus der Sauce, rührt den Schmand mit einem Löffel Sauce an, mischt ihn anschließend unter die Sauce und wärmt die Sauce kurz durch. Sie darf aber nicht mehr kochen, da sie sonst gerinnt. Das Fleisch wird in Scheiben geschnitten und mit Böhmischen Knödeln (S. 102) und viel Sauce serviert.

Hauptgerichte

 **Lettland**

Lettische Reibekuchen
(Kartupeļu pankukas)

Zutaten

► 2 kg Kartoffeln
► 4-5 Eier
► 4 Knoblauchzehen
► 200-300 g durchwachsener Speck
► Salz
► Sonnenblumen- oder Rapsöl zum Braten

Zum Anrichten:

► Schmand (saure Sahne) oder Preißelbeerenkonfitüre.

Zubereitung

Die Kartoffeln werden geschält, roh gerieben und mit den Eiern vermischt. Der Speck wird in dünne Streifen geschnitten, in einer Pfanne ausgelassen und mit den geschälten und sehr fein gehackten Knoblauchzehen und einem Teelöffel Salz zu der Kartoffelmasse gegeben.

Man läßt die Masse kurz durchziehen. Überstehende Flüssigkeit wird vor dem Braten weggeschüttet.

In einer Pfanne wird Öl sehr hoch erhitzt, und man gibt mit einem Schöpflöffel Kartoffelmasse in die Pfanne, die man zu handtellergroßen Reibekuchen formt und auf beiden Seiten goldgelb und knusprig brät.

Man serviert die Reibekuchen noch heiß mit Schmand oder Preißelbeerenkonfitüre. Anstelle von Preißelbeeren kann man Konfitüre mit ähnlichem Geschmack verwenden.

Hauptgerichte

 **Lettland**

Sommerliche Sauermilchsuppe
(Aukstā zupa (karstai dienai))

Zutaten

- ► 2 Liter Kefir oder Buttermilch[1]
- ► 3 hartgekochte Eier
- ► 250 g Salami oder Schinken
- ► 1 Bund Radieschen
- ► Pfeffer, eine Handvoll Dill

- ► 1 Glas rote Beete (250 g)
- ► 2 große Pellkartoffeln
- ► 1 Salatgurke
- ► 1 Bund Lauchzwiebeln

---

[1] Aus der heute angebotenen pasteurisierten Milch kann man zuhause keine saure Milch (lettisch "rūgušpiens") machen. Kefir ist in Luxemburg im Handel als „Lait fermenté" erhältlich.

Zubereitung

Die Kartoffeln werden am Vortag gekocht und gepellt. In einer großen Salatschüssel richtet man die gewürfelten Pellkartoffeln, die grob gewürfelten Eier und die in dünne Streifen (Salami oder Schinken, Gurke und Radieschen) bzw. in Ringe (Lauchzwiebeln) geschnittenen Zutaten außer den roten Beeten an, gießt die Milch darüber und mischt alles gründlich durch.

Die roten Beete werden abgetropft und gewürfelt und anschließend nacheinander langsam unter ständigem Rühren vorsichtig unter die Suppe gemischt. Die Suppe muß sich langsam rot einfärben.

Die Suppe wird in Tellern angerichtet und mit etwas gehacktem Dill bestreut. Bei Tisch würzt man nach Geschmack mit frisch gemahlenem Pfeffer.

 # Lettland

Ackererbsen mit Speck
(Zirņi ar speķi)

Zutaten

- ▶ 500 g Ackererbsen[1]
- ▶ 500 g geräucherter durchwachsener Speck
- ▶ 2-3 Zwiebeln
- ▶ Salz, Pfeffer

---

[1] Ackererbsen sind die Früchte von Pisum sativum L. convar. speciosum, auch Pisum sativum var. arvense genannt, die bis zum 18. Jahrhundert die in Europa hauptsächlich angebauten Erbsen waren. Sind diese nicht erhältlich, nimmt man gewöhnliche Trockenerbsen.

Zubereitung

Die Erbsen werden über Nacht in kaltem Wasser gewässert, wobei man das Wasser mehrfach wechselt. Am nächsten Tag nimmt man die Erbsen aus dem Einweichwasser, tropft ab und setzt sie in einem Topf mit 1 Liter kaltem Wasser auf. Man bringt die Erbsen zum Kochen, reduziert dann die Hitze und läßt sie im zugedeckten Topf mindestens zwei Stunden kochen, damit sie vollkommen weich werden. Man rührt die Erbsen gelegentlich um, damit sie nicht ansetzen und füllt erforderlichenfalls mit etwas Wasser auf. Kurz vor Ende der Garzeit fügt man etwas Salz hinzu. Wenn die Erbsen gar sind, schüttet man das Wasser ab und stellt sie zur Seite.

Der Speck wird in feine Streifen geschnitten und mit den gehackten Zwiebeln in einer Pfanne ausgelassen. Wenn die Zwiebeln glasig geworden sind, würzt man mit einer Prise Pfeffer und nimmt Speck und Zwiebeln aus der Pfanne. Man richtet die Erbsen in Suppentellern an und gibt Speck und Zwiebeln darauf.

In Lettland trinkt man dazu Kefir (lettisch „rūgušpiens") oder Buttermilch. In Luxemburg ist saure Milch als „Lait fermenté" im Handel erhältlich. Statt mit Erbsen kann man das Gericht auch mit weißen Bohnen zubereiten.

Hauptgerichte

 **Lettland**

Lettische Schwarzbrottorte
(Rupjmaizes kārtojums)

Zutaten

- ▶ 300 g trockenes Schwarzbrot
- ▶ 200 g Preißelbeerenkonfitüre
- ▶ 160 g Zucker
- ▶ 250 g Schlagsahne
- ▶ gemahlener Zimt, Vanillinzucker

Zubereitung

Das Schwarzbrot wird fein gerieben, mit Zimt und der Hälfte des Zuckers gemischt und beiseite gestellt.

Die Sahne wird mit dem verbleibenden Zucker und dem Vanillinzucker vermischt und steif geschlagen.

Auf flachen Tellern füllt man die Masse portionsweise in Backringe ein. Zuunterst kommt eine Lage Schwarzbrotbrösel, die man mit Preißelbeerkonfitüre bestreicht. Darauf kommt eine Lage Sahne. Dies wiederholt man, bis zum Schluß eine Lage Schwarzbrotbrösel eingefüllt wird. Man dekoriert mit etwas Schlagsahne aus der Spritztüte und einigen Preißelbeeren.

Alternativ läßt man den Zimt weg und mischt die Schwarzbrotbrösel mit dem Zucker. Auf dem Herd läßt man 50 g Butter schmelzen, nimmt sie vom Herd und rührt die Schwarzbrotbrösel unter. Sobald die Masse abgekühlt ist stellt man den Kuchen auf die oben beschriebene Weise her.

In Lettland trinkt man zu diesem Kuchen traditionell ein Glas Milch.

Nachspeisen

 Litauen

Karotten-Reibekuchen
(Morkų blynai)

Zutaten

► 1 kg Karotten
► 2 Eier
► 4 EL Speisestärke
► Salz, (gehackte glattblättrige Petersilie)

Zum Anrichten:

► Schmand (saure Sahne), (Puderzucker)

Zubereitung

Die Karotten werden geputzt, roh gerieben und mit der Speisestärke und einer Prise Salz vermischt. Danach stellt man die Mischung zur Seite und läßt sie 10 Minuten durchziehen.

Nach 10 Minuten wird alle überstehende Flüssigkeit sorgfältig ausgepreßt und weggeschüttet. Man rührt die Eier unter die Masse und kann anschließend noch eine Handvoll gehackte glattblättrige Petersilie zugeben.

In einer Pfanne wird Öl möglichst hoch erhitzt, und man gibt mit einem Schöpflöffel Karottenmasse in die Pfanne, die man zu handtellergroßen Reibekuchen formt und auf beiden Seiten goldgelb und knusprig brät.

Man serviert die Reibekuchen noch heiß mit Schmand. Wer mag, kann den Schmand mit etwas Puderzucker bestreuen.

Vorspeisen

Hauptgerichte

 # Litauen

Kartoffelhörnchen mit Pilzsauce
(Bulvių rageliai su grybų padažu)

Zutaten

Kartoffelteig:
▶ 1 kg Kartoffeln
▶ 2-3 EL Speisestärke
▶ 2 Eier
▶ Salz, Semmelbrösel, Fritierfett

Füllung:
▶ 2 hartgekochte Eier
▶ 1 Zwiebel
▶ Butterschmalz
▶ Salz, Pfeffer

Pilzsauce[1]:
▶ 1 Glas Mischpilze
▶ 200 ml Schmand (saure Sahne)
▶ 50 g Butterschmalz

▶ 3-4 Zwiebeln
▶ 1 EL Speisestärke
▶ Salz, Pfeffer, Dill

---

[1]   Im Saarland und im Raum Idar-Oberstein gibt es diese Sauce (für „Gefillde") fertig zu kaufen.

Zubereitung

Die Kartoffeln werden gekocht, gepellt und zerstampft, mit den Eiern und der Stärke gemischt und in tennisballgroße Portionen geteilt. Für die Füllung wird die gehackte Zwiebel in reichlich Butter glasig gedünstet und mit Salz und Pfeffer abgeschmeckt. Dann hebt man vorsichtig die gewürfelten Eier unter die Masse. Der Kartoffelteig wird flach ausgerollt, mit einem Löffel Füllung belegt und dann um die Füllung herum zu Hörnchen geformt, die in Semmelbröseln gewälzt und anschließend goldbraun fritiert werden.

Für die Sauce werden die geputzten und kleingeschnittenen Zwiebeln in Butterschmalz glasig gedünstet und anschließend mit der Stärke bestäubt. Sobald die Stärke sich zu bräunen beginnt, löscht man mit dem Pilzwasser ab und kocht 5-10 Minuten durch. Dann gibt man die kleingeschnittenen Pilze zu, schmeckt mit Salz und Pfeffer ab und läßt kurz aufkochen. Zum Schluß nimmt man die Sauce vom Feuer, rührt Schmand und etwas gehackten Dill unter, läßt durchziehen und serviert sofort.

 # Litauen

Gebackener Hecht mit Meerrettichsauce
(Kepta lydeka su krienų padažu)

Zutaten

▶ 1 kg küchenfertiger Hecht
▶ 2 Eier
▶ 100 g Semmelbrösel
▶ Salz, Zitronensaft, Rapsöl zum Braten
▶ Gewürzgurken und Dill zum Anrichten

▶ 100 g Mehl
▶ 100 ml Milch

Meerrettichsauce:
▶ 100 g frisch geriebener Meerrettich
▶ 100 ml Schmand (saure Sahne)
▶ Salz, Zucker

Zubereitung

Der Hecht wird küchenfertig vorbereitet und ausgenommen. Der Kopf wird abgetrennt und kann später zur Zubereitung von Fischfond verwendet werden. Den restlichen Fisch schneidet man quer in 3 cm breite hufeisenförmige Portionsstücke. Diese werden gewaschen und trockengetupft, dann mit Zitronensaft beträufelt und gesalzen. Man läßt den Saft kurz einziehen und wälzt die Stücke dann nacheinander in Mehl, in mit Milch verquirltem Ei und in Semmelbröseln. Anschließend wird der Fisch in Öl gebraten.

Sobald der Fisch fertig gebraten ist, nimmt man ihn mit einem Schöpflöffel aus der Pfanne, tropft gut ab und serviert ihn sofort mit Gurkenscheiben und Dill garniert mit Bratkartoffeln oder mit Salzkartoffeln. Für die Meerrettichsauce mischt man den frisch geriebenen Meerrettich mit dem Schmand und schmeckt mit Salz und einer Prise Zucker ab[1].

---

1 In der Saison (ab Spätsommer) kauft man ganzen Meerrettich, den man stangenweise in Plastikfolie einschlägt. Er wird bei Bedarf soweit wie nötig von oben aus geschält und gerieben, den Rest gibt man (immer wieder) in die Tiefkühltruhe. Man kann den Meerrettich ohne weiteres im gefrorenen Zustand reiben. Auf diese Weise hat man immer wunderbar frischen Meerrettich im Haus.

Hauptgerichte

 **Litauen**

Preißelbeergrütze
(Spanguolių drebučiai)

Zutaten

- ▶ 500 g frische Preißelbeeren
- ▶ 200 g Zucker
- ▶ 200 g Sago oder Speisestärke
- ▶ Stangenzimt, Nelken
- ▶ Schmand (saure Sahne), Puderzucker

Zubereitung

Die gewaschenen Preißelbeeren werden mit dem Zimt und einigen Nelken in einem Topf mit kaltem Wasser bedeckt und auf kleiner Flamme zum Kochen gebracht. Man reduziert die Hitze und kocht die Masse unter gelegentlichem Umrühren auf kleiner Flamme bis die Beeren zu zerfallen beginnen.

Man entfernt Zimt und Nelken, läßt die gekochten Beeren abkühlen, püriert sie, gibt dann die in wenig kaltem Beerensaft angerührte Speisestärke und den Zucker zu und erhitzt die Masse auf dem Wasserbad unter ständigem Rühren bis sie klar ist.

Man füllt die Masse noch heiß in Portionsgläser, läßt sie abkühlen und kühlt sie dann mehrere Stunden im Kühlschrank, bevor man sie mit Schmand serviert, den man vorher mit Puderzucker bestreut hat.

 # Irland

Kartoffelbrei mit Grünkohl
(Colcannon)

Zutaten

- ► 1 kg Kartoffeln
- ► 10-12 Lauchzwiebeln
- ► 250 ml Milch
- ► 500 g küchenfertiger Grünkohl
- ► 100 g Butter
- ► Salz, Pfeffer, glattblättrige Petersilie

Zubereitung

Die Kartoffeln werden gekocht, gepellt, zu Brei zerstampft und zur Seite gestellt. Die Lauchzwiebeln werden geputzt, kleingeschnitten und in der Milch aufgekocht. Sobald sie weich gekocht sind, nimmt man sie vom Feuer und schmeckt mit Salz und Pfeffer ab.

Der küchenfertige Grünkohl wird aufgetaut oder aus dem Glas genommen und mit etwas Butter erhitzt. Sobald der Grünkohl heiß (bzw. bei frischem Kohl gargekocht) ist, gibt man Milch und Zwiebeln dazu und rührt anschließend den Kartoffelbrei mit dem Schneebesen in die heiße Masse, damit das Gericht leicht und locker bleibt. Das Gericht wird mit Butterflöckchen und mit gehackter glattblättriger Petersilie bestreut und sofort serviert. Man serviert es mit gegrillten Schweinswürstchen oder als Beilage zu Fleischgerichten.

Colcannon (gälisch: cál ceannann = weißer Kohl) wurde ursprünglich mit Weißkohl und wildem Knoblauch zubereitet. Wenn man diese Variante kochen will, nimmt man zwei Handvoll getrockneten wilden Knoblauch (in persischen Geschäften erhältlich), rehydriert ihn in kaltem Wasser mindestens 2 (besser 4) Stunden und verwendet ihn mit dem Einweichwasser statt der Zwiebeln für das Gericht. Der Weißkohl wird wie frischer Grünkohl zubereitet (siehe unten).

Grünkohl ist im Rohzustand praktisch unverdaulich. Er wird deshalb in Nordeuropa erst nach dem ersten Frost verwendet, da das gefrierende Wasser die Zellwände aufbricht und die Nährstoffe erschließt. Deshalb eignet sich tiefgefrorener Grünkohl oder fertiger Grünkohl aus dem Glas sehr gut für dieses Gericht. Verwendet man frischen Grünkohl, werden die Blätter gereinigt, in dünne Streifen geschnitten, unter viel fließendem Wasser gewaschen bis das Wasser nicht mehr vom Kohlsaft grünlich gefärbt ist, kurz in kochendem Wasser blanchiert und mit eiskaltem Wasser abgeschreckt, dem man einen Löffel Olivenöl zugegeben hat, um die grüne Farbe des Kohls zu bewahren.

Hauptgerichte

Hauptgerichte

 # Irland

Dubliner Eintopf
(Coddle)

Zutaten

- ▶ 6 Bratwürstchen
- ▶ 6 Scheiben Frühstücksspeck
- ▶ 500 g Kartoffeln
- ▶ 3-4 Zwiebeln
- ▶ glattblättrige Petersilie
- ▶ Salz, Pfeffer, Rinderbrühe

Zubereitung

Die Würstchen werden mit einer Gabel an verschiedenen Stellen angestochen und zusammen mit dem Speck mit Wasser bedeckt 20 Minuten auf kleiner Flamme in geschlossenen Topf gekocht.

Anschließend gibt man die geschälten und in grobe Stücke geschnittenen Kartoffeln und die in Achtel geschnittenen geputzten Zwiebeln und das Fleisch lagenweise in einen feuerfesten Topf, gießt mit der Kochflüssigkeit und mit etwas Rinderbrühe auf bis die Masse ganz bedeckt ist, schmeckt mit Pfeffer und (falls noch nötig) mit Salz ab und gart das Gericht im geschlossenen Topf etwa 45 Minuten im auf 180 °C vorgeheizten Backofen, wobei man nach einer Viertelstunde die Temperatur auf 120 °C reduziert.

Man kontrolliert das Gericht von Zeit zu Zeit und gibt erforderlichenfalls noch etwas Brühe oder etwas dunkles Starkbier zu. Man serviert es mit gehackter Petersilie bestreut zu einem Glas Starkbier.

Dieses Gericht aus Dublin war angeblich eines der Lieblingsgerichte des Dubliner Theologen Jonathan Swift, der im Ausland als Autor von „Gullivers Reisen" berühmt wurde. Es wird wiederholt in den Werken irischer Dichter erwähnt, besonders bei James Joyce.

 # Irland

Irischer Hammeleintopf
(Irish Stew)

Zutaten

- ► 1,5 kg Hammelschulter ohne Knochen
- ► 1 kg Kartoffeln
- ► 4-6 Zwiebeln
- ► ½ Liter Rinderbrühe
- ► Salz, Pfeffer, Thymian, glattblättrige Petersilie

Zubereitung

Das Fleisch wird in nicht zu kleine Stücke geschnitten. Überschüssiges Fett wird entfernt. Dann wird das Fleisch kurz in einer beschichteten Pfanne ohne Zugabe von Fett oder Wasser angeröstet und zur Seite gestellt. Die Kartoffeln werden geschält und in Scheiben geschnitten. Die Zwiebeln werden geputzt und halbiert und ohne Fett in der Pfanne gebräunt. Man läßt sie abkühlen und schneidet sie in Achtel. Den Bratensatz kocht man mit der Rinderbrühe los.

In eine feuerfeste Form füllt man lagenweise Fleisch, Zwiebeln und zuoberst Kartoffeln, wobei jede Lage mit Salz, Pfeffer, sehr wenig frischem Thymian und gehackter Petersilie gewürzt wird. Man gießt das Ganze mit der Brühe auf und gart das Gericht im geschlossenen Topf im auf 180 °C vorgeheizten Backofen etwa 30 Minuten. Dann reduziert man die Temperatur auf 120 °C und gart das Gericht weitere 90 Minuten.

Von Zeit zu Zeit kontrolliert man das Gericht und rührt es um, damit es nicht ansetzt. Falls erforderlich gibt man noch etwas Rinderbrühe zu.

Man serviert das Gericht mit etwas gehackter Petersilie bestreut mit einem guten irischen Bier. Als Variante kann man die Hälfte der Zwiebeln durch in Scheiben geschnittene Karotten ersetzen.

Hauptgerichte

Irland

Rindfleisch in Biersauce
(Beef and Stout Stew)

Zutaten

- ▶ 1 kg Rindfleisch (Mittelbug)
- ▶ 250 g Karotten
- ▶ 1 kleine Dose Tomatenmark
- ▶ 250 ml dunkles Starkbier
- ▶ Salz, Pfeffer, Cayennepfeffer
- ▶ glattblättrige Petersilie zum Bestreuen

- ▶ 2 Zwiebeln
- ▶ 1 Knoblauchzehe
- ▶ 50 g Mehl
- ▶ frischer Thymian
- ▶ Olivenöl

Zubereitung

Das Fleisch wird (falls nötig) von Fett und Sehnen befreit und in nicht zu kleine Stücke geschnitten. Das Fleisch wird mit etwas Olivenöl angefeuchtet und in einer Mischung aus dem Mehl, Salz, Pfeffer und einer Messerspitze Cayennepfeffer gewälzt, so daß es gut von allen Seiten beschichtet ist.

In einem großen Topf brät man das Fleisch in etwas Öl von allen Seiten scharf an, gibt anschließend die gehackten Zwiebeln, den feingehackten Knoblauch und das Tomatenmark zu, mischt alle Zutaten gründlich und bringt die Masse zum Kochen. Man löscht mit wenig Wasser oder Rinderbrühe ab, reduziert die Hitze und läßt die Masse im geschlossenen Topf weitere 5 Minuten durchrösten. Dann nimmt man die Masse aus dem Topf, füllt sie in eine feuerfeste Form und kocht den Bratensatz mit wenig Bier los. Man gießt den losgekochten Bratensatz und das restliche Bier über das Fleisch und gibt etwas frischen Thymian in einem Leinensäckchen zu der Masse. Das Ganze wird dann im auf 150 ºC vorgeheizten Backofen 2-3 Stunden gegart, dann nimmt man den Thymian aus der Masse, schmeckt mit Salz und Pfeffer ab, bestreut mit viel gehackter Petersilie und serviert das Gericht mit Salzkartoffeln und einem guten irischen Starkbier.

Man kann dieses Gericht gut vorkochen, da es wie alle Eintöpfe am nächsten Tag noch besser schmeckt.

Hauptgerichte

 **Slowenien**

Schichtkuchen
(Prekmurska gibanica)

Zutaten

Strudelteig: ▶ 500 g Mehl, 2 Eier, 1 Päckchen Backpulver, 2 EL Zucker, Salz lauwarmes Wasser, 60 g Butter oder 4 EL Olivenöl

Mürbeteig: ▶ 250 g Mehl, 125 g Butter, 100 g Zucker, 2 Eigelb, 1 Päckchen Backpulver, abgeriebene Zitronenschale

Nußfüllung: ▶ 200 g gemahlene Haselnüsse, 100 g Zucker, 100 ml Milch, 1 Pr. Zimt

Mohnfüllung: ▶ 200 g Mohn, 100 g Zucker, 100 ml Milch, 1 Prise Zimt

Quarkfüllung: ▶ 250 g Quark, 100 g Puderzucker, 1 Ei, 50 g Butter

Apfelfüllung: ▶ 3 säuerliche Äpfel, 50 g Zucker, 1 Prise Zimt

Sahneguß: ▶ 200 ml Schmand, 3 Eier

▶ Semmelbrösel, Öl zum Bepinseln des Strudelteigs, Puderzucker zum Bestreuen.

Zubereitung

Für den Strudelteig werden Mehl und Backpulver gemischt und auf einen Haufen geschüttet, in den man eine Vertiefung macht. In diese Vertiefung kommen die Eier, das Salz und die Butter bzw. das Öl. Die Zutaten werden nun zu einem glatten Teig verarbeitet. Falls erforderlich fügt man geringe Mengen Wasser zu. Der fertige Teig wird mit wenig Olivenöl bepinselt, mit einem Tuch bedeckt zur Seite gestellt und nach einer Stunde auf dem bemehlten Küchentisch dünn ausgerollt. Man schneidet ihn in 8 (oder 9, siehe unten) Blätter, die man möglichst dünn auszieht.

Für den Mürbeteig wird das Mehl mit Backpulver gemischt und mit den anderen Teigzutaten zu einem glatten Mürbeteig verknetet, der anschließend eine halbe Stunde kaltgestellt wird. .....

Nachspeisen

 **Slowenien**

Schichtkuchen
(Prekmurska gibanica)

Zubereitung

In einer großen Kuchenform mit möglichst hohem Rand wird der Mürbeteig auf dem Boden und dem Rand verteilt und dann bei mittlerer Hitze in etwa 10-15 Minuten goldgelb gebacken. Man kann den Mürbeteig auch weglassen. In diesem Fall wird der Boden der gut gefetteten Form mit einem Blatt Strudelteig belegt, und die Füllungen werden sofort eingefüllt. Auf den Boden kommen nacheinander 8 Lagen Füllung, die jeweils durch eine Lage Strudelteig getrennt werden.

Zuvor bereitet man die Füllungen zu:

- Für die **Nußfüllung** werden Milch, Zucker und Zimt kurz aufgekocht, dann werden die Nüsse untergerührt und man läßt die Füllung abkühlen.
- Für die **Mohnfüllung** werden Milch, Zucker und Zimt zum Kochen gebracht, man rührt den Mohn ein und bringt die Masse nochmals für 3-4 Minuten zum Kochen. Danach läßt man sie abkühlen.
- Für die **Quarkfüllung** wird die angewärmte Butter mit Ei und Zucker schaumig gerührt, dann hebt man vorsichtig den Quark unter.
- Für die **Apfelfüllung** werden die geschälten und entkernten Äpfel in kleine Stücke geschnitten, mit Zucker und Zimt vermischt und zur Seite gestellt.
- Für den **Sahneguß** werden die Eier mit dem Schneebesen aufgeschlagen und unter den Schmand gerührt.

Auf den Kuchenboden kommen erst einige Semmelbrösel, dann als erste Lage die Hälfte der Nußfüllung, auf der man zwei EL Sahneguß verteilt. Man deckt mit einem Blatt Strudelteig ab, das dünn ausgezogen und sauber an den Rand des Mürbeteigs gezogen, gut angedrückt und anschließend mit Öl bepinselt wird. Dann füllt man nacheinander auf die gleiche Weise Mohn-, Quark- und Apfelfüllung jeweils mit Sahneguß und Strudelteig ein, wiederholt dann den Vorgang und setzt auf die achte Lage noch ein Blatt Strudelteig, bevor man den ganzen Kuchen im auf 170 °C vorgeheizten Backofen goldgelb backt (etwa 70-80 Minuten). Vor dem Servieren bestreut man die auf Tellern angerichteten Kuchenstücke noch mit Puderzucker.

 # Slowenien

Gefüllte Nockerln
(Idrijski žlikrofi)

Zutaten

Teig:
- ► 300 g Mehl
- ► 1 Ei
- ► 1 TL Öl
- ► 2 EL Wasser oder Milch
- ► 1 Prise Salz

Füllung:
- ► 500 Kartoffeln
- ► 50 g Speck[1]
- ► 50 g Zwiebeln
- ► Majoran, Schnittlauch
- ► Salz, Pfeffer

---

[1] Grieben, grüner oder geräucherter fetter Speck oder geräucherter durchwachsener Speck

Zubereitung

Für den Teig werden alle Zutaten in das Mehl eingearbeitet und gut durchgeknetet bis er sich vom Schüsselboden löst. Dann wird der Teig mit einem Tuch bedeckt mindestens eine Stunde zur Seite gestellt. Für die Füllung werden die Kartoffeln gekocht, gepellt und noch heiß zerstampft und mit Salz und Pfeffer abgeschmeckt. Der fein gewürfelte Speck wird mit den kleingehackten Zwiebeln in der Pfanne ausgelassen und dann mit dem frischen Majoran und dem kleingeschnittenen Schnittlauch unter den Kartoffelbrei gerührt. Die Füllung muß geschmeidig bleiben. Wenn nötig gibt man daher etwas mehr Speck zu.

Auf dem bemehlten Küchentisch wird der Teig wie ein normaler Nudelteig ausgerollt. Mit einem Löffel sticht man haselnußgroße Portionen von der Füllung ab, die man in 5 cm Abstand auf den ausgerollten Teig setzt. Man schneidet den Teig in Portionen und faltet die Stücke über der Füllung, wobei man zum Schluß mit dem Finger den Rand festdrückt. Dies gibt den Nockerln die typische Hutform. Die Nockerln werden in Salzwasser gekocht bis sie oben schwimmen, aus dem Wasser genommen und abgetropft und mit Schmand (saurer Sahne) oder vollreifem Käse (Gorgonzola o.ä.) serviert. Das Gericht eignet sich als Vorspeise oder als Hauptgericht.

Hauptgerichte

 **Slowenien**

Walnußrolle
(Potica)

Nachspeisen

Zutaten

Hefeteig:
► 400 ml Milch
► 500 g Mehl
► 100 g Zucker
► 100 g Butter
► 1 Päckchen Hefe
► 4 Eigelb, 1 Prise Salz
► abger. Zitronenschale

Füllung:
► 100 g Butter
► 100 g Zucker
► 300 g gemahlene Walnußkerne
► 4 Eier
► 50 ml Schmand (saure Sahne)
► 1 Päckchen Vanillinzucker
► Zimt, abgeriebene Zitronenschale

Zubereitung

Das Mehl wird in eine große Schüssel gesiebt, dann macht man in der Mitte eine Vertiefung in die man etwas Zucker und die zerbröselte Hefe streut, 100 ml lauwarme Milch darübergießt, die Masse kurz verrührt und dann zugedeckt 20 Minuten gehen läßt. Dann arbeitet man die angewärmte Butter und alle anderen Zutaten in den Teig ein, knetet gut durch und läßt ihn anschließend weitere 30 Minuten gehen.

Zwischenzeitlich schlägt man für die Füllung die erwärmte Butter, die Eier und den Zucker schaumig und hebt dann nacheinander die Walnußkerne und die anderen Zutaten unter.

Der Teig wird auf dem bemehlten Küchentisch ausgerollt, längs in drei gleiche Teile geteilt, mit der Füllung bestrichen, zu drei Rollen gerollt, auf ein gefettetes Backblech gesetzt und eine Stunde zur Seite gestellt. Dann bestreicht man die Rollen mit etwas verquirltem Eigelb und backt sie bei mittlerer Hitze in etwa 60 Minuten goldgelb. Nach dem Auskühlen wird der fertige Kuchen mit Puderzucker bestreut serviert.

Neben dieser Grundform gibt es zahlreiche Varianten für die Füllung wie z.B. Haselnußrolle (Orehova potica), Estragonrolle (Pehtranova potica: 1 Handvoll gehackter Estragon und 2 EL Semmelbrösel statt der Nüsse), usw.

 Malta

Gefüllte Zucchini
(Qargħa Bagħli Mimli)

Zutaten

- ► 3 möglichst große Zucchini
- ► 1 kleine Dose Corned Beef
- ► geriebener Käse
- ► 1 Knoblauchzehe
- ► Salz, Pfeffer, glattblättrige Petersilie

- ► 200 g Rinderhackfleisch
- ► 1 Ei
- ► 2 Scheiben Bauchspeck

Zubereitung

Die Zucchini werden gewaschen. Man schneidet den Stielansatz und das obere Ende ab und halbiert sie. Dann entfernt man vorsichtig das meiste Fruchtfleisch bis auf eine fingerdicke Schicht. Vorsicht, daß die Haut dabei nicht beschädigt wird!

Das ausgelöste Fruchtfleisch wird im Mixer zerkleinert und mit dem Fleisch, dem Ei, dem gewürfelten Speck, dem feingehackten Knoblauch und dem geriebenen Käse (Gruyère oder französischer Emmentaler) und etwas gehackter Petersilie gemischt und mit Salz und Pfeffer gewürzt.

Man setzt die Zucchini in eine gefettete feuerfeste Form, füllt die Fleischmasse ein und backt sie in der geschlossenen Form im auf 160 °C vorgeheizten Backofen etwa 30-40 Minuten.

Man serviert das Gericht sofort mit Ofenkartoffeln oder Fladenbrot.

Hauptgerichte

 **Malta**

Dicke Bohnen mit Nudeln
(Koksu bil-ful)

Zutaten

- ▶ 500 g frische dicke Bohnen[1]
- ▶ 2 kleine Kartoffeln
- ▶ 2 EL maltesische Tomatenpaste („kunserva")[3]
- ▶ Salz, Pfeffer, geriebener Käse zum Anrichten
- ▶ 1 Zwiebel
- ▶ 250 g kornförmige Nudeln[2]

1 Wenn man ganze Bohnen kauft, benötigt man etwa 1 kg. Die Schoten kann man etwa 2 Stunden in einem Liter Wasser mit etwas Essig kochen und dann durchseihen. Dies ergibt einen hervorragenden Gemüsefond.
2 In Malta verwendet man „ghaghin tal-Koksu", die im Ausland nicht erhältlich sind. Stattdessen kann man griechische „kritharaki"-Nudeln verwenden, die ebenfalls wie ein Getreidekorn geformt sind und die in den meisten Supermärkten erhältlich sind.
3 Stattdessen kann man gewöhnliches Tomatenmark verwenden.

Zubereitung

Die Bohnenschoten werden geöffnet, die Kerne entnommen und zur Seite gestellt. Die Kartoffeln werden geschält und zur Seite gestellt. Die Kartoffeln müssen klein genug sein, daß sie in der gleichen Zeit wie die Nudeln weich werden. Hat man keine kleinen Kartoffeln, kann man eine größere Kartoffel in Stücke schneiden oder die Kartoffeln ganz weglassen.

In etwas Olivenöl schwitzt man in einem großen Topf die kleingehackte Zwiebel an. Sobald sie glasig geworden ist, gibt man die Bohnenkerne, die Kartoffeln und die Tomatenpaste zu und röstet das Gericht an. Dann gibt man das Kochwasser für die Nudeln zu. Es ist besser, zu wenig Wasser zuzugeben und später etwas Wasser nachzufüllen als daß das Gericht wässrig wird. Man bringt das Wasser zum sprudelnden Kochen und gibt dann die Nudeln zu. Nun reduziert man die Hitze und kocht die Nudeln unter ständigem Rühren weich. Wie für ein Risotto müssen die Nudeln die gesamte Flüssigkeit absorbieren.

Kurz vor dem Ende der Garzeit schmeckt man mit Pfeffer und wenig Salz ab und läßt das Gericht durchziehen. Man serviert es sofort und bestreut es bei Tisch mit geriebenem Käse (z.B. milder Pecorinokäse).

 **Malta**

Maltesischer Mandelkuchen
(Kwarezimal)

Zutaten

- ► 350 g ungehäutete Mandeln
- ► 2 EL Speisesirup
- ► 2 TL Backpulver
- ► abgeriebene Zitronenschale
- ► je 1 Messerspitze gemahlene Nelken, Zimt und Muskatblüte
- ► 100 ml lauwarmes Wasser

- ► 350 g Zucker
- ► 4 TL Kakaopulver
- ► 200 g Mehl
- ► 1 Prise Salz

- ► 50 g gehackte Walnüsse

Zubereitung

Die Zutaten werden (bis auf das Wasser und den Sirup) im Mixer zerkleinert und gemischt. Dann gibt nacheinander löffelweise Wasser in den Mixer und mischt die Zutaten jeweils 2 Minuten nach jeder Wasserzugabe bis alles Wasser in die Masse eingearbeitet wurde. Zum Schluß nimmt man den Teig aus dem Mixer und läßt ihn 30 Minuten zugedeckt ruhen.

Anschließend formt man aus dem Teig Laibe, die etwa 10 cm lang, 3 cm breit und 1 cm hoch sind und setzt sie auf ein eingefettetes Stück Backpapier, das man auf ein Backblech gelegt hat.

Im auf 160 ºC vorgeheizten Backofen wird der Kuchen 10-15 Minuten gebakken. Beim Abkühlen härten die zuvor noch weichen Kuchen aus. Sobald sie abgekühlt sind, bestreicht man die Kuchen mit etwas erhitztem Speisesirup und streut gehackte Walnüsse darüber.

Nachspeisen

 # Malta

Hefekuchenringe mit Sesam
(Qagħaq ta' l-hmira)

Zutaten

- 500 g Mehl
- 200 g Margarine
- ½ TL gemahlener Sternanis
- 1 Päckchen Vanillinzucker
- 1 abgeriebene Zitronenschale
- Sesamkörner zum Bestreuen

- 200 g Zucker
- 1 Päckchen Hefe
- ½ TL gemahlene Nelken
- 180 ml lauwarmes Wasser

Zubereitung

Die Zutaten (bis auf die Sesamkörner) werden gemischt, und die zerkrümelte Hefe wird darübergestreut. Dann arbeitet man nach und nach das lauwarme Wasser ein und verarbeitet die Zutaten zu einem glatten Teig, den man mindestens 2 Stunden zugedeckt gehen läßt.

Danach wird der Teig auf einem bemehlten Küchentisch ausgerollt. Man schneidet Streifen von dem Teig ab, die man zu einer Rolle formt und dann auf einem eingefetteten Backblech zu Ringen zusammengelegt. Da der Teig noch aufgeht, sollte man die Ringe nicht zu dicht packen. Man läßt die Ringe eine weitere Stunde gehen, bestreicht sie mit etwas Wasser und streut die Sesamkörner darüber.

Im auf 160 ºC vorgeheizten Backofen wird der Kuchen in 15 Minuten goldbraun gebacken. Wenn die Ringe aus dem Ofen kommen, sollten sie noch weich sein. Sie schmecken am besten, wenn sie sofort gegessen werden, man kann sie aber in einer luftdicht verschlossenen Dose bis zu 3 Tage aufbewahren.

Nachspeisen

 Slowakei

Zwiebeln mit Schinkenfüllung
(Cibule plnené šunkou)

Zutaten

Zwiebeln:

▶ 4-5 Gemüsezwiebeln
▶ 50 g geriebener Käse
▶ glattblättrige Petersilie
▶ Butterschmalz

Füllung:

▶ 120 g Champignons
▶ 2 Tomaten
▶ 100 g Schinken
▶ glattblättrige Petersilie
▶ Semmelbrösel
▶ Salz, Pfeffer, Speisestärke

Zubereitung

Die geputzten Zwiebeln werden in Salzwasser weichgekocht, aus dem Wasser genommen, abgetropft, und der Innenteil wird herausgeschnitten. Die entnommenen Zwiebelstücke werden kleingeschnitten und in dem Butterschmalz glasig gedünstet. Dann fügt man die kleingeschnittenen Champignons und Tomaten zu, schmeckt mit Salz und Pfeffer ab und läßt das Gemüse fertiggaren. Kurz vor dem Ende der Garzeit rührt man den feingewürfelten Schinken (gekochter Schinken oder rohe Schinkenreste) unter und läßt ihn mitdünsten. Dann rührt man gehackte Petersilie unter das Gemüse, rührt etwas Speisestärke unter und erhitzt die Masse unter ständigem Rühren mit einem Holzlöffel. Sobald die Sauce kocht und eindickt, nimmt man sie vom Feuer und rührt einige Semmelbrösel unter, um die Flüssigkeit besser aufzusaugen.

Die Masse wird in die ausgehöhlten Zwiebeln gefüllt. Man stellt die Zwiebeln in eine feuerfeste Form, übergießt sie mit etwas geschmolzenem Butterschmalz und gart sie in der geschlossenen Form etwa 20 Minuten bei mittlerer Hitze im Ofen. Kurz vor Ende der Garzeit streut man einige Semmelbrösel, den geriebenen Käse und etwas gehackte Petersilie über die Zwiebeln, läßt fertiggaren und serviert sie sofort mit Kartoffelbrei[1].

---

1   500 g mehlige Kartoffeln werden gekocht und gepellt, noch heiß zerstampft und mit etwas Milch, 1 EL Butter, Salz, Pfeffer und frisch geriebener Muskatnuß verrührt.

 Slowakei

Slowakische Sauerkrautsuppe
(Slovenská vianočná kapustnica)

Zutaten

▶ 750 g Sauerkraut	▶ 150 g Schweinefleisch
▶ 150 g Rindfleisch	▶ 2 pikante Paprikawürste[1]
▶ 1 Zwiebel	▶ 4-5 schwarze Pfefferkörner
▶ 3 Pimentkörner	▶ 2 Wacholderbeeren
▶ 2-3 Knoblauchzehen	▶ 1 EL Speisestärke
▶ 2 EL Tomatenmark	▶ 2 Lorbeerblätter
▶ 50 g Trockenpilze	▶ 2-3 Dörrpflaumen
▶ Salz, Pfeffer, Paprikapulver, (Zucker), Schmand (saure Sahne)	

---

1   Stattdessen können scharfe portugiesische Chorizowürste verwendet werden.

Zubereitung

Das gewaschene Sauerkraut wird mit dem kleingeschnittenen Fleisch, den in Scheiben geschnittenen Würsten und der gehackten Zwiebel in einem Liter kalten Wasser aufgesetzt und zum Kochen gebracht. Sobald das Wasser kocht, wird die Hitze reduziert. Pfefferkörner, Piment, Lorbeer, Wacholderbeeren, die eingeweichten Pilze (oder ein kleines Glas Mischpilze mit Wasser) und die entsteinten Pflaumen werden zugegeben, und man läßt das Ganze unter gelegentlichem Umrühren mit einem Holzlöffel 2-3 Stunden im geschlossenen Topf köcheln. Wenn sich Schaum entwickelt, wird er abgeschöpft und verworfen. Danach gibt man den gehackten Knoblauch, die Speisestärke und das in einem Löffel Brühe angerührte Tomatenmark zu, schmeckt mit Salz und Pfeffer und, falls das Sauerkraut zu stark durchschmeckt, mit einer Messerspitze Zucker ab, rührt etwas Paprikapulver unter und läßt das Ganze weitere 20 Minuten garen. Bei Tisch rührt man ein wenig Schmand unter die Suppe.

Diese Suppe wird in der Slowakei traditionell am Heiligen Abend gegessen. Man kann sie sehr gut einige Tage vorher zubereiten und wieder aufwärmen. Wie bei den meisten Eintöpfen verbessert dies sogar den Geschmack.

Suppen

 # Slowakei

Nockerln mit Sauerkraut
(Strapačky)

Zutaten

- 500 g Kartoffeln
- 1 Ei
- 50 g Schweineschmalz
- Salz, Pfeffer, Kümmel, Weißwein, Dill, (1 Glas Mischpilze)

- 300 g Mehl
- 500 g Sauerkraut
- 1 EL Paprikapulver

Zubereitung

Die geschälten Kartoffeln werden gerieben und mit 1 TL Salz vermischt. Man läßt die Kartoffeln 10 Minuten ruhen, gießt überstehende Flüssigkeit sorgfältig ab und verarbeitet dann die Masse mit dem Mehl und dem Ei zu einem glatten Teig, den man so lange rührt bis er sich von der Wand der Schüssel löst. Den fertigen Teig läßt man vor der Weiterverarbeitung 15 Minuten ruhen, damit sich der Mehlkleber voll entfalten kann.

Der Teig wird dann auf einem Holzbrett fingerdick aufgetragen. Mit dem Messer oder mit einem Löffel sticht man walnußgroße Stücke von dem Teig ab und läßt sie in kochendes Salzwasser fallen. Sobald die Nockerln gar sind, schwimmen sie auf dem Wasser, werden abgeschöpft, kurz in kaltem Wasser abgeschreckt, abgetropft und warmgestellt. Zwischenzeitlich schneidet man das gewaschene Sauerkraut klein und brät es in dem Schweineschmalz an. Nach etwa 5 Minuten nimmt man das Sauerkraut kurz vom Feuer, löscht mit etwas Weißwein ab und würzt mit Salz, Pfeffer, 1 EL gewöhnlichem Paprikapulver und etwas gemahlenem Kümmel. Man kocht kurz auf, reduziert die Hitze, läßt das Gericht weitere 5 Minuten durchziehen und serviert es mit gehacktem Dill bestreut mit den Nockerln. Man kann das Gericht verfeinern, indem man nach dem Würzen ein kleines Glas Mischpilze mit seinem Wasser mit dem Sauerkraut mitdünstet.

Halušky (ungarisch „galuska") sind das bekannteste slowakische Gericht. Von diesem Gericht gibt es zahlreiche Varianten. Anstelle der slowakischen Nockerln kann man fertige italienische Gnocchi aus Kartoffeln verwenden.

 Slowakei

Schweinekoteletts mit Sauerkraut
(Salašnícka pochúťka)

Zutaten

- 4 Schweinekoteletts (120-150 g)
- 150 g gekochte weiße Bohnen
- 2-3 Knoblauchzehen
- 300 ml Schmand (saure Sahne)
- Salz, Pfeffer, 3 EL Butterschmalz
- 250 g Sauerkraut
- 1 Zwiebel
- Mehl
- 2 EL Paprikapulver

Zubereitung

Die Schweinekoteletts werden flachgeklopft, der Fettrand wird abgeschnitten. Dann werden sie gesalzen und gepfeffert, in Mehl gewälzt und in Butterschmalz kräftig angebraten. Anschließend gibt man die kleingeschnittene Zwiebel dazu. Sobald die Zwiebelstücke glasig werden, fügt man das gewaschene Sauerkraut, den feingehackten Knoblauch und das Paprikapulver zu, rührt durch und röstet das Gericht gut durch.

Zuletzt werden die gekochten Bohnen zugegeben (Bohnen aus der Dose sind gut geeignet), der Schmand wird untergerührt und man wärmt das Gericht durch. Die Sauce darf aber nicht mehr kochen, da sie sonst gerinnt. Man serviert die Schweinekoteletts mit Salzkartoffeln oder mit frischem Weißbrot.

Hauptgerichte

Rezepte für Europa

Kultureller Teil

Ausflüge nach Europa

Rezepte für Europa

Kultureller Teil

 # Schweden

Stockholm
Schwedens dynamische Hauptstadt

Die Wiege der schwedischen Kultur ist der Mälarsee, an dessen Ufern im frühen Mittelalter das heutige Schweden entstand. Wo er sich zur Ostsee öffnet liegt die schwedische Hauptstadt Stockholm.

Gegen Ende des Mittelalters geriet Schweden in der sogenannten Union von Kalmar unter die Herrschaft der dänischen Könige. Die Schweden empfanden diese Herrschaft mehr als Besatzung denn als gleichwertige Integration in den dänisch-norwegischen Staatsverband. Schließlich stürzte Gustav Vasa die dänische Herrschaft und wurde König von Schweden. Von nun an begann der Aufstieg Schwedens zur europäischen Großmacht. Schweden beherrschte Finnland und die baltischen Provinzen zwischen Finnland und Ostpreußen. Vasakönige erwarben auch die polnische Krone, obwohl dies nicht zu einer Verstärkung Schwedens führte sondern zu einer Rivalität zwischen den beiden Linien der Dynastie, da sich ihre Interessen in Litauen und Kurland überschnitten.

Unter Gustav II. Adolf griff Schweden nach dem Ausscheiden Dänemarks mit französischer Unterstützung in den Dreißigjährigen Krieg ein. Der Lohn der Mühe war der Erwerb Vorpommerns und Stades im Westfälischen Frieden. 1659 konnte Schweden dann Schonen, Halland und Blekinge von Dänemark erwerben und wurde erst im Nordischen Krieg von den Russen besiegt und verlor seine ganzen auswärtigen Besitzungen.

Im 18. Jahrhundert herrschte der kunstliebende König Gustav III. in Schweden, bis er bei einem Maskenball in der von ihm erbauten Stockholmer Oper ermordet wurde. Verdis Oper „Un ballo in maschera" wird auch an diesem Originalschauplatz gespielt.

Ausflüge nach Europa

Ausflüge nach Europa

 ## Schweden

Stockholm
Schwedens dynamische Hauptstadt

Kurz darauf erlosch die Dynastie, und die Schweden wählten Napoleons Marschall Bernadotte zu ihrem Herrscher. Nachdem Bernadotte erfolgreich an den Befreiungskriegen teilgenommen hatte, beendete Schweden 1815 seinen letzten Krieg und blieb bis heute von weiteren Konflikten verschont.

Vor allem dieser klugen Friedenspolitik verdankt Schweden, daß das früher sehr arme Land sich wirtschaftlich enorm verbessern konnte und daß die Monumente der Vergangenheit in seinen historischen Städten, vor allem in Stockholm, von Zerstörungen verschont blieben.

Stockholm liegt auf beiden Ufern des Mälarsees sowie auf den dazwischen befindlichen Inseln. Gerade im historischen Stadtkern gibt es deshalb überall wunderschöne Aussichtspunkte. Das Zentrum der Stadt ist die auf einer Insel gelegene Altstadt (Gamla stan). Das Königsschloß war bis zum Auszug der jetzigen Königsfamilie das größte bewohnte Schloß der Welt. Neben der gewaltigen Schloßfassade erhebt sich die teils mittelalterliche Altstadt mit dem Dom (Storkyrka) und dem Marktplatz.

Riksbank (Nationalbank, links), Storkyrka (Dom, Mitte) und Riksdag (Reichstag, rechts)

 # Schweden

Stockholm
Schwedens dynamische Hauptstadt

Mit ein wenig Glück kann man mitten in Stockholm sogar Runensteine aus der Wikingerzeit finden.

Am Fuße des Altstadthügels breiten sich ringförmig etwas breitere Durchgangsstraßen aus, deren Häuser teilweise noch die historische Atmosphäre ausstrahlen wie Sundbergs Konditori, Stockholms ältestes bestehendes Kaffeehaus mit Ausstattung aus der Zeit Gustavs III., vor dem außerdem noch ein alter Gemeinschaftsbrunnen aus dieser Zeit original erhalten ist.

Die Vermischung von Frischwasser aus dem Mälarsee (links) mit Salzwasser aus der Ostsee erzeugt am Strömmen deutlich sichtbare Schlieren.

Ausflüge nach Europa

 Schweden

Stockholm
Schwedens dynamische Hauptstadt

Auf der anderen Seite des Schlosses ist eine Brükke über den Strömmen, wo der Mälarsee in die Ostsee übergeht. Wenn man eine Angelgenehmigung besitzt, kann man hier mitten in Stockholm prächtige Lachse und andere Fische fangen. Gegenüber liegen der Reichstag und die Nationalbank, die auf einer eigenen Insel erbaut worden sind.

Auf dem gegenüberliegenden Nordufer des Sees liegen die Regierungsgebäude im sogenannten Rosenbad, die von Gustav III. erbaute Oper, die historische Jakobikirche und das moderne Stadtzentrum. Auf anderen Inseln im See liegen die Riddarholmkirche mit den Gräbern der schwedischen Könige und vor allem das imposante Stockholmer Rathaus mit der Darstellung der drei Kronen (dem schwedischen Wappen) auf dem Dach.

Gegenüber vom Schloß ist einer der großen Stockholmer Jachthäfen, und dahinter liegt das riesige Nordische Museum. An der Stelle des früheren Marinearsenals am heutigen Jachthafen erhebt sich das Vasamuseum.

Das Schiff Vasa wurde unter Gustav II. Adolf gebaut und sollte das größte und vor allem das prächtigste Kriegsschiff seiner Zeit werden, da es die aufstrebende militärische Großmacht Schweden repräsentieren sollte.

Niederländische Schiffsbauer und viele deutsche Holzschnitzer gestalteten das Schiff auf königlichen Wunsch hin besonders prächtig. Auf Wunsch der schwedischen Marine wurde das Schiff auch mit vielen Kanonen ausgestattet, die mehrere Kanonendecks erforderlich machten. Die Höhe und Schwere der Aufbauten, die durch den Zierrat wenig Stabilität bieten konnten, führten dazu, daß das Schiff bei seiner Überführungsfahrt von der Werft ins Arsenal beim ersten Windstoß kenterte und mit Mann und Maus mitten im Stockholmer Hafen absoff. Da der holländische Bauleiter praktischerweise bereits während der Bauzeit verstarb, konnte man ihn zum Schuldigen erklären.

Ausflüge nach Europa

 # Schweden

Stockholm
Schwedens dynamische Hauptstadt

Die Ursache der Tragödie war jedoch das ständige Hereinreden von Admiralität und König, die sich über die Grundanforderungen an ein Kriegsschiff aus Propagandagründen souverän hinweggesetzt hatten.

Im Jahre 1956 wurde das Schiff im Stockholmer Hafen geortet, 1961 gehoben und in einem eigenen Museum erst restauriert und dann ausgestellt. Besonders eindrucksvoll ist das Königswappen der Vasas, das eine Garbe Korn zeigt (altschwedisch „vasen").

Das von einem Löwen gehaltene schwedische Wappen mit den drei Kronen zierte lange die schwedischen 100 Kronen-Scheine. Allerdings hatte der Löwe auf dem Geldschein im Gegensatz zum Original keine Zunge, da die Zunge erst nachmittags aus dem Konservierungsbad kam während der Zeichner der Reichsbank das Motiv bereits am Vormittag gezeichnet hatte. Die Direktion der Reichsbank beschloß, das unvollständige Motiv auf den Geldschein zu drukken, da man der Meinung war, die eingereichte Zeichnung tue es auch, und eine neue Zeichnung sei zu teuer.

Vasamuseum: Das Wappen der Familie Vasa (1628) zeigt eine Korngarbe (*vasen*).

Ausflüge nach Europa

Ausflüge nach Europa

🇸🇪 Schweden

Stockholm
Schwedens dynamische Hauptstadt

Nordisches Museum (oben), Schloß (rechts) und Dom (Storkyrka, unten).

Rings um das historische Zentrum breitet sich die moderne Stadt aus. Besonders zwischen der Altstadt und der offenen Ostsee gibt es viele Kanäle und Meeresarme entlang derer sich viele schöne Häuser und Gärten ausbreiten.

Einen besonderen Reiz hat Stockholm im Winter. Besonders schön ist die schwedische Tradition des Luziafestes (Luciahelgen), das zwischen dem 13. und dem 15. Dezember gefeiert wird. Traditionell bereiten am 13. Dezember die Töchter in den Familien einen besonderen Kuchen zu. In weißen Gewändern bringen sie singend ihren Eltern Kaffee und „Lussekatt"-Kuchen, und in ihren Händen halten sie brennende Kerzen, wobei die älteste Tochter außerdem eine Krone mit brennenden Kerzen trägt, Symbol des Feuers, das sich angeblich weigerte, die heilige Luzia zu verzehren, als sie zum Märtyrertod durch das Feuer verurteilt wurde. 1927 erwählte eine Zeitung eine offizielle Luzia-Darstellerin für Stockholm, und seitdem gibt es in vielen schwedischen Städten vom 13.-15. Dezember Luziaprozessionen in den schon nach Weihnachtsplätzchen duftenden Straßen der Stadt, ein wundervolles Schauspiel, das so richtig auf die Weihnachtssaison einstimmt.

Schweden

Stockholm
Schwedens dynamische Hauptstadt

Im Dezember jährt sich auch der Todestag Alfred Nobels, deshalb werden jedes Jahr am 10. Dezember in der großen Halles des Rathauses vom schwedischen König die Nobelpreise des laufenden Jahres überreicht. So bietet Schwedens dynamische Hauptstadt das ganze Jahr viele Attraktionen.

Das Rathaus von Stockholm ist innen und außen imposant und hat auch schwedische Dichter inspiriert.

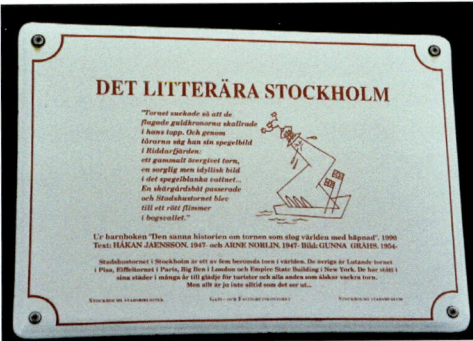

Ausflüge nach Europa

Ausflüge nach Europa

🇸🇪 Schweden

Stockholm
Schwedens dynamische Hauptstadt

In Stockholm, an der Schnittstelle zwischen Mälarsee und Ostsee, spielt sich viel vom täglichen Leben am Wasser ab. Wer mit dem Fernzug nach Stockholm kommt, passiert die Insel Riddarholm mit der Begräbniskirche der schwedischen Könige (links).

Ausflüge nach Europa

Estland

Der Zoologische Garten in Reval
(Tallinna loomaaed)

Nachdem Estland 1918 seine Unabhängigkeit erklärt hatte, schuf es nach und nach die Einrichtungen dieses jungen Staates. Dazu gehörte auch ein Zoologischer Garten.

Leider war ihm kein durchschlagender Erfolg vergönnt, da seine Eröffnung nach den Schulferien am 1. September 1939 mit dem Ausbruch des Zweiten Weltkriegs zusammenfiel.

In sowjetischer Zeit bestand der Zoo in der Innenstadt von Reval (Tallinn) weiter. Sein dynamischer und einfallsreicher Direktor machte aus der Not eine Tugend.

Zwar hatte er keine ausländische Devisen, um etwa afrikanische Tiere importieren zu können, doch war Estland am äußersten Westrand des Sowjetimperiums gelegen und besaß deshalb einheimische Tiere, die anderswo in der Sowjetunion sehr exotisch waren. Deshalb begann er, systematisch Tiere mit anderen sowjetischen Zoos zu tauschen, und dies ist der Grund für das Vorhandensein vieler wunderbarer Tiere aus dem Fernen Osten, aus Zentralasien oder aus dem Kaukasus, etwa des aus Kamtschatka stammenden Stellerschen Seeadlers, eines der größten Raubvögel der Welt, oder einer einzigartigen Artenvielfalt von Wildschafen und -ziegen aus dem Kaukasus, die von den Zuständen in ihrer Heimat an den Rand der Ausrottung gebracht wurden, heute eine Seltenheit ersten Ranges.

 Estland

Der Zoologische Garten in Reval
(Tallinna loomaaed)

Nach dem Zusammenbruch der Sowjetunion zog die Rote Armee auch aus Reval ab. Die estnischen Behörden kamen auf den klugen Gedanken, den Zoo auf das Gelände einer ehemaligen Militärbasis zu verlegen, wo jetzt endlich ausreichend Platz zur Verfügung steht. Die Lage in den Vororten der Hauptstadt bedeutet, daß man vom Stadtzentrum in weniger als 20 Minuten mit dem O-Bus zum Zoo kommt, daß aber die Bewohner der großen Neubausiedlungen aus der Sowjetzeit aus ihrer Wohnung direkt in den Zoo gelangen können.

Das ungewöhnlich große Gelände ist auf seiner Vorderseite nur durch die Straße von der Ostsee getrennt. Auf geschickte Weise hat man auf dem Areal Freiräume geschaffen, in denen die typischen Landschaften Estlands nachgestellt sind. Auf dem Gelände gibt es Ruheräume und Grillplätze, und da die Eintrittpreise äußerst günstig sind, können die Einwohner der Stadt hier direkt vor ihrer Haustür Urlaub im Grünen machen. Durch die Nähe zur Ostsee schauen wilde Seevögel häufig vorbei, und im Wald zwischen den einzelnen verstreuten Tiergehegen gibt es die wilden Tiere des Waldes wie z.B. Rehe, die sich hier sehr wohl fühlen, da sie nicht gejagt werden, da Hunde und Autos im Zoo verboten sind und weil sie sich teilweise beim Futter für die Zootiere bedienen können.

Estland ist für seine reiche Kultur bekannt, und das Estnische Nationalmuseum kam auf den klugen Gedanken, einen Teil seiner großen Skulpturensammlung im Freigelände des Zoos auszustellen, wo sie sehr wirkungsvoll zur Geltung kommen.

Soweit Geld vorhanden ist, modernisiert die Zooverwaltung ihren Zoo ständig und läßt sich viel einfallen, um ihren Besuchern zu helfen. Ein Beispiel ist das Tropenhaus, wo man wegen der hohen Luftfeuchtigkeit eigens einen Heißlufttrockner installiert hat, damit die Kameralinsen der Besucher beim Übergang aus dem kalten Außenbereich nicht beschlagen.

Estland

Der Zoologische Garten in Reval
(Tallinna loomaaed)

Bilder aus dem Revaler Zoo:

Rechts: Diese Windmühle stellt die typische Landschaft der Insel Ösel (Saaremaa) nach.

Rechts: Am Haupteingang des Zoos.

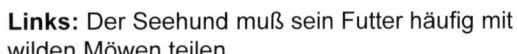

Links: Der Seehund muß sein Futter häufig mit wilden Möwen teilen.

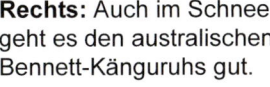

Rechts: Auch im Schnee geht es den australischen Bennett-Känguruhs gut.

Ausflüge nach Europa

 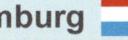

Ausflüge nach Europa

Estland

Der Zoologische Garten in Reval
(Tallinna loomaaed)

Bilder aus dem Revaler Zoo:

Rechts: Die herrliche Parklandschaft des Zoos spiegelt sich im Seerosenteich neben dem Seehundebekken.

Unten: Ein Laufweg führt mitten durch das Vogelfreigelände. Hier sieht man nicht nur Zootiere wie diese Weißstörche sondern auch wilde Schwäne und Enten. Kleine Blockhütten entlang des Laufwegs erlauben ungestörtes Beobachten der Tiere oder auch ein ungestörtes Nickerchen in der estnischen Sonne. Direkt dahinter beginnt schon das große Neubaugebiet.

Litauen

Der Berg der Kreuze
(Kryžių kalnas)

Die Stadt Schaulen (litauisch „Šiauliai") ist eine große Kreisstadt im Norden Litauens an der Via Baltica. Sie ist ein wichtiger Verkehrsknotenpunkt an der Route zur früheren kurländischen Hauptstadt Mitau (lettisch „Jelgava") bzw. zur heutigen lettischen Hauptstadt Riga. Die Stadt ist überschaubar und angenehm und ist umgeben von offener Landschaft mit riesigen fruchtbaren Feldern.

Eine gute Autostunde südlich von Schaulen sind die berühmten Strände von Polangen (litauisch „Palanga"), die im Sommer Hunderttausende anlocken, doch Schaulen würde man auf den ersten Blick nicht für eine Besonderheit halten, wenn man zufällig hier durchführe.

Oben: Der 70 Meter hohe Turm der Peter und Pauls-Kathedrale dominiert die ganze Stadt Schaulen.

Unten links: Auch vor der Kathedrale steht ein Holzkreuz.

Trotzdem kann Schaulen mit einer Attraktion aufwarten, die im Baltikum wenn nicht in Europa einzigartig ist, dem außerhalb der Stadt gelegenen Berg der Kreuze (litauisch „Kryžių kalnas").

Litauen war im Mittelalter mit Polen vereint, nachdem der litauische Fürst Jagiello 1386 die polnische Königin geheiratet hatte.

Ausflüge nach Europa

Ausflüge nach Europa

 # Litauen

Der Berg der Kreuze
(Kryžių kalnas)

Dieser Staatenbund, in dem die Litauer wegen ihrer Tapferkeit häufig die Führung übernahmen, nahm erfolgreich den Kampf gegen den Ordensstaat der Ritter des Deutschen Ordens auf und gründete das größte Reich im östlichen Mitteleuropa. Im 17. Jahrhundert wäre es ihm sogar beinahe gelungen, Kiew zu besetzen, das die Zarewna Sophia, die Schwester Peters des Großen, unter großen finanziellen Opfern freikaufen mußte.

Unter Peter dem Großen wendete sich das Blatt. Im Großen Nordischen Krieg (1700-1721) wurde die Großmacht Schweden besiegt und das nördliche Baltikum (Estland und Livland[1]) von den Russen erobert. Als die Herzogin Anna von Kurland Peters Nachfolgerin auf dem Zarenthron wurde, wurde auch Kurland mit Rußland vereint.

Zusammen mit der neuen Großmacht Preußen, die in Ostpreußen Nachfolger des Staats der Ordensritter war und 1660 die polnische Oberhoheit abschütteln konnte gewannen die Russen die Übermacht und teilten sich mit den Österreichern nach und nach Polen und Litauen. Bis zum Zusammenbruch 1917 blieb Litauen deshalb Teil des Zarenreichs.

---

1   Die heutige Republik Estland umfaßt neben der historischen Provinz Estland den Westteil der Provinz Ingermanland mit der Stadt Narwa sowie den Norden der Provinz Livland mit Pernau (estnisch „Pärnu"). Das ehemalige Herzogtum Kurland und der Südteil Livlands bilden die heutige Republik Lettland.

Litauen

Der Berg der Kreuze
(Kryžių kalnas)

Wie die Polen versuchten auch die Litauer gelegentlichen Widerstand gegen die russische Herrschaft. Nachdem die Russen die Rebellionen von 1831 und 1863 grausam unterdrückt hatten, wurden zum Gedenken an die Opfer auf einem Feld bei Schaulen Kreuze errichtet.

Dies ist der Ursprung der heutigen nationalen Gedenkstätte. Im Laufe der Zeit wurde das Feld in Schaulen Gedenkstätte nicht nur für die örtlichen Opfer sondern für alle litauischen Opfer des Regimes.

Schon bei Ausbruch des 1. Weltkrieges befanden sich auf dem Feld 200 große und zahlreiche kleine Kreuze. Später stieg die Zahl der Kreuze ständig. Das setzte sich in der Zeit der sowjetischen Herrschaft fort.

Ausflüge nach Europa

Ausflüge nach Europa

 **Litauen**

Der Berg der Kreuze
(Kryžių kalnas)

1961, 1973 und erneut 1975 ließ die Staatsmacht alle Kreuze entfernen und versuchte ihre Wiedererrichtung zu blockieren, doch ohne Erfolg.

Heute kann man seinen Glauben an Kirche und Nation frei bekennen, und seither gibt es buchstäblich Millionen von Kreuzen an dieser Stelle als Zeichen des Glaubens, der Hoffnung und der Erinnerung einer ganzen Nation. Mit dem Besuch durch Papst Johannes Paul II. am 7. September 1993 würdigte die katholische Amtskirche dieses einzigartige Symbol des Glaubens einer ganzen Nation.

Der Berg der Kreuze ist nicht sehr groß, doch der Eindruck, der von ihm ausgeht ist von unvergleichlicher Intensität. Es gibt wohl kaum einen anderen Ort auf der Welt, der so kompakt und intensiv den Freiheitswillen einer Nation verdeutlicht.

 Deutschland

Eßlingen am Neckar

Nur wenige Kilometer von Stuttgart entfernt liegt die alte Reichsstadt Eßlingen am Neckar. Verhältnismäßig wenige Fremde finden den Weg von Stuttgart hierher, doch das ist ein großer Fehler, denn Eßlingen hat dem Besucher eine Menge zu bieten.

Fremde kennen Eßlingen in erster Linie als Industriestadt. Vor allem die Maschinenfabrik Eßlingen hat schon vor Jahrzehnten Lokomotiven gebaut, die bis nach Südamerika und Afrika ausgeliefert wurden. Umso erfreulicher ist, daß trotz der wichtigen Eisenbahnlinie Stuttgart-München und trotz der bedeutenden Schwerindustrie die Stadt Eßlingen die größte deutsche Stadt ist, die im Zweiten Weltkrieg vollkommen verschont geblieben ist.

Schon aus diesem Grund ist die Eßlinger Altstadt eindrucksvoll und lohnt einen Besuch.

Eßlingen wurde im Mittelalter reich durch seinen Weinbau. Wie im benachbarten Stuttgart reichen auch hier die Weinberge mitten in die Innenstadt. Einige wichtige Betriebe basieren auch heute noch auf dem Weinbau, so die älteste deutsche Sektkellerei, gegründet von Georg Christian Keßler, dem vormaligen Prokuristen der Witwe Cliquot in Reims, der sich 1826 in Eßlingen selbständig machte. Der erste deutsche Sekt waren 4000 Flaschen aus Eßlinger Frühburgunderwein. Südlich von Eßlingen ist die fruchtbare Lößebene der Filder, deren Hauptprodukt das „Filderkraut" ist, ein Spitzkohl, der vorzügliches Sauerkraut liefert. Die Eßlinger Firma Hengstenberg ist der größte Produzent von Weinessig und Sauerkraut in dieser Gegend.

Eßlingen liegt im Neckartal. Nördlich der Stadt ist ein herrlicher Wald mit Hirschkäfern, Gelbbauchunken, Salomonssiegeln und anderen seltenen Tieren und Pflanzen, in dem man das ganze Jahr Erholung findet. Vom Eßlinger Jägerhaus aus sind es nur wenige Kilometer bis ins weiter nördlich gelegene Remstal mit seinen Weinbergen und Obstplantagen.

Ausflüge nach Europa

Ausflüge nach Europa

 **Deutschland**

Eßlingen am Neckar

Eßlingen war früher eine sehr bedeutende reiche und auch politisch einfluß-reiche Handelsstadt. Erst im 18. Jahrhundert begann die württembergische Residenzstadt Stuttgart, den alten Rivalen zu überflügeln. Das beschleunigte sich, nachdem die Reichsstadt Eßlingen 1803 durch den Reichsdeputationshauptschluß zu einer württembergischen Provinzstadt wurde.

In früheren Zeiten war Eßlingen eine Stadt, die in ihrer Bedeutung in Südwestdeutschland allenfalls von Ulm nennenswert übertroffen wurde.

Entsprechend sieht man in der ganzen Stadt Zeugnisse der Geschichte. Der wichtigste Betrieb der Stadt war bis zu seinem Abriß im 19. Jahrhundert das Katharinenhospital, das dem Bistum Speyer gehörte. Übrig blieb vor allem das Kielmeyerhaus, eines der größten Fachwerkhäuser, das früher das Kelterhaus des Spitals war. Das Spital selbst befand sich direkt neben der Stadtkirche, und als es wegen Baufälligkeit abgerissen wurde, entstand an seiner Stelle der heutige Marktplatz.

Die Kirche St. Dionys ist die Hauptkirche der Stadt und war im frühen Mittelalter die Pfründe von Abt Fulrad von St. Denis (bei Paris), des Beraters Karls des Großen. Seit 50 Jahren finden in der Kirche Ausgrabungen statt, die wichtige Relikte des frühen Mittelalters an Tageslicht brachten.

Besonders elegant ist die Frauenkirche aus dem 14. Jahrhundert, eine der bedeutendsten gotischen Kirchen ihrer Zeit, vom gleichen künstlerischen Rang wie das Freiburger Münster. Bis heute sieht man an einigen gotischen Plastiken die Spuren der Bilderstürmer aus der Reformationszeit. Auch die Kirchen der großen Reformorden des Mittelalters, der Franziskaner und der Dominikaner heben sich mit ihren schlichten Dachreitern im Stadtbild ab. Die Dominikanerkirche wurde von keinem Geringeren als Albertus Magnus geweiht.

Die weltlichen Bauten der Stadt stehen diesem Reichtum nicht nach.

 # Deutschland

Eßlingen am Neckar

Von der Eßlinger Burg aus hat man eine gute Sicht auf die mittelalterliche Altstadt, eine der größten zusammenhängenden Stadtbebauungen, die uns aus dieser Zeit in Europa geblieben ist. Die Straße zwischen dem Alten Rathaus und dem Hafenmarkt ist die älteste Straße Europas. Kein einziges Haus ist jünger als 650 Jahre. Weinberge reichen bis in die Stadtmitte.

Hinter der Stadt sieht man schon die Lößebene der Filder, auf denen Filderkraut angebaut wird, eine Kohlsorte, die besonders gut zur Herstellung von Sauerkraut geeignet ist.

Ausflüge nach Europa

Deutschland

Eßlingen am Neckar

Besonders eindrucksvoll ist das Alte Rathaus, einer der beeindruckendsten Fachwerkbauten der Welt.

Bergab ist die Renaissancefassade aus dem 15. Jahrhundert zu sehen. Das Fachwerk mit seinen imposanten Holznägeln ist ein Beispiel des „Schwäbischen Manns", weil die Balkensetzung einem Menschen mit ausgestreckten Gliedmaßen ähnelt.

Ganz anders die barockisierte Bergseite mit dem Glockenspiel. Früher hielten die Schulkinder in ihrem Treiben inne, wenn mittags „Üb immer Treu und Redlichkeit" erklang und der reichsstädtische Adler anschließend drohend die Flügel schwang. Heute geht es weniger martialisch zu, aber auch heute noch bleiben Einheimische und Fremde stehen, und halten wenige Minuten inne in ihrem hektischen Tagewerk.

Unterhalb vom Alten Rathaus gibt es zahlreiche Gassen, und überall stößt man auf Adelsresidenzen oder auf die Pfleghöfe von Klöstern, in denen die von den Bauern erwirtschafteten Vorräte eingelagert und an durchreisende Händler verkauft wurden.

Deutschland

Eßlingen am Neckar

Im ausgehenden Mittelalter war Eßlingen Vorsteher des schwäbisch-fränkischen Städtebundes, der im 16. Jahrhundert äußerst einflußreich war und die Württemberger Herzöge, vor allem Herzog Ulrich, mehrfach in ernsthafte Schwierigkeiten brachte. Außerdem war Eßlingen Sitz der regionalen Ritterschaft. Das brachte nicht nur Einfluß und Ehre sondern vor allem jede Menge Geld in die Stadt, denn viele Adelsfamilien hatten hier einen Zweitwohnsitz, und das Haus der Ritterschaft verwaltete in Eßlingen deren Kasse. Das prunkvolle Haus gegenüber dem Alten Rathaus ist das heutige Rathaus der Stadt Eßlingen.

Beeindruckend sind auch die Reste der Stadtmauer, vor allem der staufische Wolfsturm. Hier wie auch anderswo in der Stadt prangt stolz der Reichsadler, das Zeichen der Unabhängigkeit der Stadt mit dem grün-roten Herzschild und den Buchstaben „CE", das hier nicht für die Europäischen Gemeinschaften steht sondern für „Civitas Esslingensis" (Stadt Eßlingen).

Wolfstor (unten und gegenüberliegende Seite links unten), Schelztorturm (oben)

Im Zuge des Neckarausbaus wurde vor 50 Jahren ein Teil der Pliensaubrücke abgerissen, die neben der Steinernen Brücke in Regensburg die älteste erhaltene mittelalterliche Steinbrücke Europas ist. Doch der majestätische Pliensau-Torturm blieb erhalten und steht heute direkt neben der Bahnstrecke Stuttgart-München.

Ausflüge nach Europa

Deutschland

Eßlingen am Neckar

Pliensauturm (oben)
Stadtkirche St. Dionys (unten)

Ausflüge nach Europa

🇬🇧 Großbritannien

Die Insel Arran
Schottland en miniature

Unmittelbar vor der Küste von Ayrshire liegt die Insel Arran, die zu den Inneren Hebriden zählt. Genau wie Schottland als Ganzes wird auch die kleine Insel durch eine geologische Bruchlinie, die sogenannte „Highland Line" in einen gebirgigen Norden mit schroffen Felsen und in einen Süden mit sanft gerundeten Hügeln geteilt.

Die Inselhauptstadt Brodick (altnordisch „breda vik" = Breite Bucht) hat regelmäßige Fährverbindungen zum Festland und ist ein beliebtes Tagesausflugsziel für die Einwohner der nahen Millionenstadt Glasgow (gälisch „eglais cu" = Der Ort, den die Kirche liebt). Jedes Kind in Schottland kennt das Schloß von Brodick, den Sitz der Herzöge von Hamilton, da es auf der 20-Pfund-Banknote der Royal Bank of Scotland abgebildet ist.

Die Mündung des Firth of Clyde zeigt starke Gezeitenströme. Dadurch kommt es zu vermehrtem Sauerstoffeintrag in das Oberflächenwasser, was - zusammen mit den langen Tageszeiten im Sommer - zu erhöhtem Algenwachstum führt.

Von den Algen leben alle möglichen höheren Organismen, von denen wiederum alle wichtigen Fischräuber leben. So überqueren die großen zwei Tonnen schweren Lederschildkröten aus dem Golf von Mexiko kommend im Hochsommer den Atlantik bis in die Außenbezirke der Millionenstadt Glasgow, um Quallen zu fressen.

Im Lee der Insel sind die Gezeitenströme stärker, deshalb befinden sich hier die Fischfangzentren. Neben Fisch sind Hummer und Meeresfrüchte von hervorragender Qualität, und die besten Fischrestaurants Schottlands auf der Royal Mile von Edinburgh werden täglich von hier aus beliefert. Man kann aber auch hier direkt an der Quelle essen. Der Fisch ist fangfrisch und natürlich wesentlich billiger als in den Nobelrestaurants von Edinburgh.

Ausflüge nach Europa

🇬🇧 Großbritannien

Die Insel Arran
Schottland en miniature

Aber auch hervorragendes Fleisch wird auf Arran produziert, sowohl Lammfleisch als auch erstklassiges Schweinefleisch von alten Haustierrassen, die es in den industriellen Mastbetrieben längst nicht mehr gibt. Abgesehen von den Restaurants für die Tagesbesucher in Brodick speist man überall auf der Insel überdurchschnittlich gut. Der Whisky von der Insel ist ebenfalls von bester Qualität.

Die 5000 Einwohner leben außer von Landwirtschaft und Fischfang von den Tagestouristen, die aus Glasgow herüberkommen, von den Urlaubern und - ebenso wie in Ayrshire auf dem Festland - vom Golftourismus. Ferner gibt es Arran Aromatics, einen kleinen aber feinen Hersteller von Seifen und Parfümeriewaren sowie Arran Pottery, deren schöne Keramik auch überall auf dem Festland verkauft wird.

Die Highland Line teilt die Insel in zwei völlig ungleiche Hälften:

Im Südteil der Insel gibt es sanfte Hügel und Bäche, die sich durch grüne Wiesen schlängeln. Vor der Südspitze liegen die flache Insel Pladda und der eindrucksvolle Felsen von Ailsa Craig (gut sichtbar schon beim Anflug auf den Flughafen von Prestwick).

Ganz anders der Norden. Hier gibt es schroffe Felslandschaften mit dem 874 Meter hohen Goat Fell als höchstem Punkt. Von der Nordspitze der Insel aus sieht man die typischen Hutdächer einer Whiskybrennerei, dahinter die gezackte Berglandschaft von Goat Fell, und ringsum sind Fjorde und hohe Berge.

Dazwischen liegen die Moore von Machrie Moor. Hier befindet sich eine der wichtigsten prähistorischen Fundstätten Nordwesteuropas mit bedeutenden Steinkreisen. Neben den sichtbaren Steinen gibt es noch weit mehr Steine, die unter der Mooroberfläche versteckt sind. Vor Jahrtausenden muß hier ein bedeutendes religiöses Zentrum gewesen sein.

Ausflüge nach Europa

⊞ Großbritannien

Die Insel Arran
Schottland en miniature

Die zwei Seiten der Insel Arran:
Oben: Südspitze mit den Inseln Pladda (flach) und Ailsa Craig.
Unten: Nordspitze mit Arran Distillery, Lochranza Golf Club und Blick auf Goat Fell (874 m).

Ausflüge nach Europa

Ausflüge nach Europa

🇬🇧 Großbritannien

Die Insel Arran
Schottland en miniature

Die Geschichte Schottlands ist überall auf der Insel spür- und erlebbar. In Machrie Moor findet man die Monumente der prähistorischen Zeit.

Arran liegt bei klarem Wetter in Sichtweite von Nordirland. Schon in vorgeschichtlicher Zeit gab es zwischen den beiden Hauptinseln und der zentral gelegenen kleinen Insel Arran enge Kontakte. So gibt es auf dem schottischen Festland unweit von Arran riesige Felsbilder bei Achnabreck. Die Römer bauten gegenüber von Arran einen großen Hafen, von dem noch beeindruckende Reste zu sehen sind. Nach dem Zusammenbruch der römischen Herrschaft wanderten die „scotti" aus der heutigen Grafschaft Antrim in Irland in Schottland ein und gründeten das Reich von Dalriada (Hauptstadt Dunadd im nahen Argyll). Später gehörten die Hebriden zum Machtbereich der Wikinger. Die heute in der Gegend noch übliche Bezeichnung „Sudreys" (vom Altnordischen „súðreyjar " = südliche Inseln) und Ortsnamen wie Brodick sprechen für sich.

Östlich der Insel befindet sich die vorgelagerte Insel Holy Island, benannt nach den keltischen Mönchen, die das Christentum in dieser Gegend verbreiteten. Im Seegebiet zwischen Arran und Holy Island versammelten sich im Spätsommer 1263 etwa 200 wikingische Langboote, die größte Flotte, die zu Wikingerzeiten Norwegen je verlassen hat, unter dem Befehl des norwegischen Königs Håkon Håkonsson. Am 2. Oktober 1263 kam es nordöstlich von Arran bei dem Ort Largs zur größten Seeschlacht zwischen den Wikingern und den Schotten unter ihrem König Alexander III. Obwohl die eigentliche Schlacht unentschieden endete, mußten die Wikinger innerhalb kurzer Zeit die gesamten Hebriden räumen, die Håkons Nachfolger Magnus schon 1265 an den König von Schottland verpfändete.

Wenige Jahrzehnte später befand sich Schottland in einem blutigen Abwehrkampf gegen den englischen König Edward I. und seinen Nachfolger. King's Cave, eine Höhle auf der Südwestseite der Insel Arran gilt als einer der Fluchtorte des späteren Heldenkönigs Robert Bruce.

🇬🇧 Großbritannien

Die Insel Arran
Schottland en miniature

Spuren der Vergangenheit:

Bronzezeitliche Steinsetzungen auf Arran: Machrie Moor (oben), Moss Farm Road (unten).

In Achnabreck auf dem Festland (Mitte) befinden sich ausgedehnte über 5000 Jahre alte Felszeichnungen.

Ausflüge nach Europa

Großbritannien

Die Insel Arran
Schottland en miniature

Mit dieser Höhle verbindet sich auch die Geschichte der Spinne. Angeblich lag der im Exil befindliche Robert Bruce, erbarmungslos gejagt von den Engländern, nachts in der Höhle wach und war vollkommen verzweifelt ob seiner persönlichen Lage und ob der Lage Schottlands. Da sah er eine Spinne, die damit begann, ein Netz zu weben. Aber der starke Wind zerstörte wieder und wieder das fast fertige Netz. Doch die Spinne begann immer wieder das Netz von neuem zu weben, bis es ihr endlich glückte. Beeindruckt von der Tatkraft der kleinen Spinne faßte Robert Bruce wieder Mut und vertrieb die Engländer nach dem grandiosen Sieg bei Bannockburn (in der Nähe von Stirling) 1322 aus Schottland. Und so hat eine Spinne Schottland gerettet.

In der Nähe von Lochranza an der Nordspitze der Insel befindet sich ein Haus, das als „Zwölf Apostel" bekannt ist. Zu Anfang des 19. Jahrhunderts waren durch das Einkreuzen von spanischen Merinoschafen Schafrassen entstanden, die auch unter den Bedingungen des schottischen Hochlands den Winter im Freien verbringen konnten. Daraufhin wurde in weiten Teilen Nordschottlands die Landbevölkerung von den Adligen vertrieben, die als Clanführer die formalen Eigentumsrechte an dem Land besaßen. Viele Bewohner Schottlands wurden ganz vertrieben und wanderten vor allem nach Kanada aus. Andernorts wurden die im Landesinneren vertriebenen Pächter an der Küste wieder angesiedelt, um Arbeitskräfte für die Fischerei zu gewinnen, vor allem für den wirtschaftlich wichtigen Heringsfang. Noch heute leben in den ehemals wikingischen Siedlungsgebieten keltisch sprechende Nachkommen der „herring lassies", wie man die weiblichen Saisonarbeiter aus dem Hinterland an der Küste nannte.

So ist die leicht erreichbare Insel Arran mit ihrer vielgestaltigen Landschaft, mit ihrer Natur und mit ihrer Geschichte ein wunderschönes Abbild des großen Landes Schottland.

🇬🇷 Griechenland

Der Amvrakische Golf
Naturwunder und Schauplatz der Weltgeschichte

Der Amvrakische Golf (Αμβρακικός κόλπος), das größte Feuchtgebiet Griechenlands, liegt in den Regionen Epirus und Westgriechenland, umgeben von einem Kranz hoher Berge, vor allem auf der Ostseite, wo das Pindusgebirge bis zu 2400 Meter hoch ist und wo bis in den Juni hinein Schnee liegt. Der Amvrakische Golf ist etwa so groß wie Hamburg und ist nur über einen gewundenen Kanal von geringer Breite mit dem Ionischen Meer verbunden.

Eigentlich handelt es sich bei diesem Gewässer um das gemeinsame Mündungsdelta der Flüsse Louros und Arachthos, das unter den Meeresspiegel abgesunken ist. Das erklärt die geringe Tiefe des Golfes, der im Mittel etwa 7-8 Meter tief ist. Da der Wasseraustausch mit dem Ionischen Meer durch die enge Durchfahrt begrenzt ist, ist das Wasser des Golfes weniger salzhaltig als das Wasser des Mittelmeeres.

All das führt zu hervorragenden Lebensbedingungen für Tiere und Pflanzen im Amvrakischen Golf selbst, durch die geschützte Lage aber auch an seinen Ufern. Fischbrut findet hier ideale Lebensbedingungen, und auch größere Fische sind in großer Zahl anzutreffen. Das wiederum lockt alle Fischräuber an, vom Pelikan bis zur Seeschwalbe und vom Reiher bis zum Delphin. Durch die geringe Tiefe und durch den Eintrag von Nährstoffen aus den Bergen wachsen im Golf auch viele Pflanzen. Deshalb findet man hier auch vegetarische Land- und Meeresbewohner bis hin zu den großen Meeresschildkröten, die vor der Eiablage im Ionischen Meer während des Frühsommers kurzzeitig in den angenehm warmen Golf eindringen und im Juni oft dutzendweise vor der Arachthosmündung zu sehen sind.

Seit alter Zeit haben die Menschen vor allem auf der Nordseite des Golfes den nährstoffreichen Schlick vom Meeresgrund geholt, um ihre Felder zu düngen. Unter Ausnutzung der natürlichen Landschaft haben die Menschen schon immer flache Zonen mit Dämmen abgegrenzt, deren Durchlässe mit Sperren ausgestattet sind, die Kleintiere und Fischbrut in die Lagune passieren lassen aber Speisefischen den Rückweg abschneiden.

Ausflüge nach Europa

Ausflüge nach Europa

🇬🇷 Griechenland

Der Amvrakische Golf
Naturwunder und Schauplatz der Weltgeschichte

So wird der Fischfang erleichtert. Heute gibt es im Golf auch Fischfarmen und Muschelbänke. Die Miesmuscheln aus dem Golf sind von hervorragender Qualität. Im Frühjahr (April-Juni) liefert der Golf die begehrten Flachwassergarnelen, die während des restlichen Jahres aus der Tiefkühltruhe kommen.

🇬🇷 Griechenland

Der Amvrakische Golf
Naturwunder und Schauplatz der Weltgeschichte

Das milde geschützte Klima und das reichlich vorhandene Wasser führen dazu, daß sich rings um den Golf das größte griechische Anbaugebiet für Zitrusfrüchte befindet. In Preveza werden außerdem auch Treibhaustomaten produziert.

Schon in der Antike konnte man die Einfahrt in den Golf durch Schleudermaschinen auf beiden Seiten blockieren, zumal bei der gewundenen Fahrrinne die Einfahrt mit der damaligen Technik sehr kompliziert und zeitraubend war. Im Golf selber schützen die Berge Schiffe vor Stürmen. Das erklärt die militärische Bedeutung des Golfs bis ins 19. Jahrhundert hinein.

Mark Antonius und Kleopatra hatten ihre Flotte im Golf verschanzt, wurden von Augustus überrascht und konnten ihre Übermacht nicht zur Geltung bringen, da Augustus die Schiffe im Ausfahrtkanal einzeln angreifen konnte. Die Schlacht vom 2. September des Jahres 31 v.Chr. ist nach dem Dorf Aktion auf der Südseite der Ausfahrt benannt. Augustus versenkte etwa 200 gegnerische Schiffe und erlangte durch die Schlacht die Kontrolle über das gesamte römische Reich.

Nach seinem Sieg befahl der neue Alleinherrscher die Gründung einer Stadt (etwa 8 km nördlich des Schlachtfelds, auf dem Gelände seines Zeltlagers). Die gesamte Bevölkerung der Gegend wurde zwangsweise in der Stadt Nikopolis („Stadt des Sieges") angesiedelt. Dafür mußte die blühende griechische Stadt Kassopi (15 km weiter nördlich) vollständig geräumt werden.

Nikopolis war in der Antike eine Großstadt, in der schon der Apostel Paulus predigte. Es sank in byzantinischer Zeit zu einer Kleinstadt herab, und da wegen des Bevölkerungsmangels und wegen der Überfälle von Venezianern, Türken und Piraten das Entwässerungssystem nicht saniert werden konnte, mußte die Stadt wegen der sich ausbreitenden Malaria im Mittelalter völlig aufgegeben werden.

Ausflüge nach Europa

 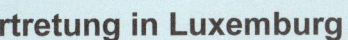

Ausflüge nach Europa

Griechenland

Der Amvrakische Golf
Naturwunder und Schauplatz der Weltgeschichte

🇬🇷 Griechenland

Der Amvrakische Golf
Naturwunder und Schauplatz der Weltgeschichte

Der Hauptort verlagerte sich in osmanischer Zeit (ab 1430) in die heutige Provinzhauptstadt Preveza, die bereits von König Pyrrhus gegründet worden war. Der Ort blieb bis zur Eroberung durch die griechische Armee Ende 1912 in den Händen der Osmanen und gehört seit 1913 offiziell zu Griechenland während der Rest des Seeufers bereits seit 1829 (Region Westgriechenland) bzw. seit 1863 (Provinz Arta) griechisch ist. Preveza hat einen hervorragenden Jachthafen mitten in der Stadt und verfügt durch seine Lage auf einer Halbinsel über Strände am Golf sowie am Ionischen Meer (Pantokrator).

Die auf der Nordseite des Golfes gelegene Provinzhauptstadt Arta am Unterlauf des Arachthos war im Mittelalter die Hauptstadt des Despotats Epirus. Nachdem 1204 während des vierten Kreuzzugs Konstantinopel von den Venezianern erobert wurde und bis 1261 besetzt blieb, befand sich hier vorübergehend die eigentliche Hauptstadt des byzantinischen Reiches. Dies erklärt das Vorhandensein so vieler byzantinischer Kirchen in der Stadt.

Es ist die Kombination von Naturschönheit und von Kulturdenkmälern aus drei Jahrtausenden, die diese Gegend so interessant machen.

Die Gegend produziert hervorragende Nahrungsmittel, vor allem Fisch. Der typische Fisch des Golfes ist die Meeräsche (Mugil cephalus; griechisch: κέφαλος = kephalos), die mit ihren scharfen Zähnen den Algenbewuchs im Golf abweidet wie ein Schaf. Die traditionelle Zubereitungsart besteht darin, den gereinigten Fisch in der Mitte zu spalten und mit der Innenseite nach unten mit Salz, Oregano und wenig Olivenöl zu grillen. Im Frühjahr gibt es frische Flachwassergarnelen. Häufige Speisefische sind auch Anchovis und vor allem Meerbrassen (Dorade). Sowohl die Meeräschen als auch die Meerbrassen kommen im Golf wild vor, werden aber auch in Fischfarmen gezüchtet. Der Louros ist in Griechenland für seine Forellen bekannt.

In der Gegend wird Fetakäse produziert. Ansonsten gibt es Zitrusfrüchte und Gemüse, gutes Olivenöl, Walnüsse und vorzüglichen Honig.

Ausflüge nach Europa

Ausflüge nach Europa

Griechenland

Der Amvrakische Golf
Naturwunder und Schauplatz der Weltgeschichte

 Bulgarien

Plovdiv
Am Kreuzweg der Geschichte

An der alten Handelsstraße quer durch den Balkan nach Konstantinopel liegt die bulgarische Stadt Plovdiv, das antike Philippopel. Die Stadt ist nicht nur Durchgangsstation für den Fernverkehr zwischen Mitteleuropa und der Türkei sondern auch das Tor zum Rhodopengebirge, das Bulgarien von Griechenland trennt.

Plovdiv besitzt einen historischen Stadtkern, der zu den schönsten Orten des Balkans gehört. Im Laufe der Geschichte lebten in dieser Gegend die verschiedensten Völker, und die Bewohner und die jeweiligen Herren des Gebiets haben alle ihre Spuren hinterlassen.

Wie anderswo in Bulgarien findet man auch hier wichtige vor- und frühgeschichtliche Funde, obwohl die Gegend nicht so fundreich ist wie das Gebiet um Varna an der Schwarzmeerküste. Die bedeutenden archäologischen Funde setzen mit der Kultur der Thraker ein, zu deren Kerngebiet die Stadt einst gehörte. Das sich entwickelnde makedonische Großreich hinterließ wichtige archäologische Spuren, vor allem wurde die Stadt Plovdiv nach König Philipp II. benannt, dem Vater Alexanders des Großen.

Kurz darauf eroberten die Römer das Gebiet, und das römische Theater in Plovdiv ist der älteste erhaltene Großbau der Stadt. Nach der Teilung des römischen Reiches gehörte die Stadt erst zum oströmischen Reich, wurde aber bald von den Bulgaren erobert und besetzt. Die zahlreichen Kriege dieser Zeit endeten erst mit der Besetzung der Stadt durch die Osmanen, und bis zum Ende des 19. Jahrhunderts gehörte Plovdiv zum Osmanischen Reich.

In dieser Zeit entstand die heutige Altstadt. Wegen der Holzbauweise haben nicht viele alte Profanbauten die Jahrhunderte überlebt, deshalb stammen die meisten Bauten aus dem 19. Jahrhundert. Äußerlich zeichnen sich die Gebäude dadurch aus, daß die oberen Stockwerke über das Erdgeschoß hinausragen.

Ausflüge nach Europa

Ausflüge nach Europa

Bulgarien

Plovdiv
Am Kreuzweg der Geschichte

Entlang der alten transkontinentalen Fernhandelsstraße bildete sich mit der Zeit ein Gemisch aus Bulgaren, Türken und vielen anderen ethnischen Gruppen heraus, die alle ihre kulturellen Besonderheiten aufwiesen.

Die Spuren dieser Unterschiede sieht man vor allem bei den Sakralbauten bzw. im Innern der verschiedenen Wohnhäuser.

Der bulgarische Maler Zlatyu Boyardziev, dem in Plovdiv ein besonders schönes Museum im schönsten Teil der Altstadt gewidmet wurde, hat in diesem Gebiet gelebt und gearbeitet.

Eines seiner Hauptwerke ist „Zwei Hochzeiten" („dve svadbi"), das je eine türkische und eine bulgarische Hochzeitsgesellschaft in einem Dorf im nahen Rhodopengebirge darstellt, an dessen Fuß Plovdiv liegt.

Bulgarien

Plovdiv
Am Kreuzweg der Geschichte

Interessant sind auch die transkulturellen Bezüge in den Häusern der Altstadt von Plovdiv, die meist aus der Mitte des 19. Jahrhunderts stammen und im Stil der bulgarischen Renaissance errichtet wurden. Die äußere Form nimmt auf das Klima der Gegend Rücksicht, das sich durch große Sommerhitze und durch starken Schneefall im Winter auszeichnet. Die überstehenden Obergeschosse halten den Schnee von der Hauswand des Erdgeschosses fern und bieten im Sommer Schatten.

Im Osmanischen Reich waren viele Architekten und Bauhandwerker Griechen, und es war üblich, daß reiche griechische Häuser aus der Zeit vor 1821 als zentralen Punkt des Wohnraums eine mehr oder minder realistische Darstellung der Stadt Konstantinopel als fiktivem Zentrum der griechischen Welt aufwiesen.

Sankt Petersburg: Eremitage und Wassiliewski-Insel

Dies wurde in Plovdiv von einem reichen armenischen Händler in abgewandelter Form aufgegriffen, der stattdessen an der zentralen Stelle seines Wohnzimmers eine Darstellung von Sankt Petersburg anbringen ließ.

Ausflüge nach Europa

Bulgarien

Plovdiv
Am Kreuzweg der Geschichte

Es ist gerade diese geniale Verknüpfung von Zweckmäßigkeit und kultureller Vielfalt, die den besonderen Reiz der Altstadt von Plovdiv ausmacht. Bei allen Unterschieden im Detail fügen sich doch sämtliche Bauten harmonisch in das Gesamtbild ein.

Die Ereignisse der letzten 150 Jahre haben zwar bedauerliche Lücken in diese kulturelle Vielfalt gerissen, doch auch heute noch ist Plovdiv beneidenswert traditionell und weltoffen zugleich. Es gibt vielerlei ethnische Gruppen, die in Plovdiv friedlich zusammenleben.

Noch heute werden verschiedene slawische und romanische Sprachen sowie Griechisch und Türkisch in dieser Stadt gesprochen bis hin zum mittelalterlichen Spanisch der sephardischen Juden, die nach der Vertreibung aus Granada 1492 vom Sultan auf dem Balkan eine neue Heimat erhielten.

Wenn es eine europäische Stadt gibt, die den interkulturellen Dialog und seinen Nutzen für alle Beteiligten verkörpert, dann ist es Plovdiv.

Oben links: Vordach eines Hauses in der Altstadt mit Darstellung eines typischen Herrenhauses. Oben rechts: Wabendach eines türkischen Bades (Hamam). Unten links: Darstellung von Plovdiv von Zlatyu Boyardziev.

Ausflüge nach Europa

Luxemburg

Naturpark Obersauer
Natur und Kultur in den Luxemburger Ardennen

Die Luxemburger Ardennen, der Ösling (luxemburgisch „Éisleck") sind eine alte Kulturlandschaft, die ihre Naturverbundenheit weitgehend bewahren konnte.

Ein einschneidendes Ereignis in diesem stark bewaldeten Gebiet war die großflächige Anpflanzung von Fichten seit dem 19. Jahrhundert. Die flachwurzelnden Bäume wurden als Bau- und vor allem als Grubenholz in den Eisenerz- und Kohlebergwerken der Region benötigt und waren viel schneller schlagreif als andere Baumarten.

Allerdings waren die einheimischen Baumarten wie Eiche und Hainbuche wichtig für die Erhaltung der empfindlichen Flora und Fauna dieses Gebiets. Heute geht man andere Wege und reduziert die Fichtenbestände, und so haben empfindliche Arten wie die Flußperlmuschel, deren Larven auf die Verbreitung durch Bachforellen angewiesen sind, in diesem Gebiet wieder eine Chance.

In der ganzen Gegend gibt es ausgedehnte Naturschutzgebiete in allen drei Ländern (Luxemburg, Belgien und Deutschland). Die ausgedehnte Unterschutzstellung weiter Landstriche sowie die grenzüberschreitende Zusammenarbeit im Naturschutz haben in den letzten Jahren zu großen Erfolgen geführt, aber viel bleibt noch zu tun. Die erste nachgewiesene Brut von Schwarzstörchen in Luxemburg war ein spektakuläres Ereignis, und man trifft auch auf Haselhuhn, Eisvogel, Wasseramsel, Feuersalamander, Wildkatze und Fischotter.

Die vielfältige Natur und das reiche kulturelle Erbe machen die Obersauerregion zu einem der interessantesten Gebiete Luxemburgs. Ein zentrales Element in der regionalen Naturschutzpolitik war deshalb die Schaffung des ersten luxemburgischen Naturparks an der Obersauer, wo durch großherzoglichen Beschluß vom 6. April 1999 ein Gebiet von rund 184 km² unter Schutz gestellt wurde.

Ausflüge nach Europa

Ausflüge nach Europa

Luxemburg

Naturpark Obersauer
Natur und Kultur in den Luxemburger Ardennen

Im Naturpark Obersauer leben zur Zeit etwa 5.700 Einwohner in neun Gemeinden (Bauschleiden/Boulaide, Ell, Esch-Sauer/ Esch-sur-Sûre, Heiderscheid, die Stauseegemeinde/Lac de la Haute-Sûre, Neunhausen, Rambrouch, Wahl, Winseler). Im Zentrum des Naturparks liegt ein 380 ha großer Stausee, der die Aktivitäten der ganzen Region prägt.

Rings um den Stausee breitet sich eine vielfältige und harmonische Landschaft mit großer Artenvielfalt von Fauna und Flora aus. Die Region ist maßgebend geprägt von den Kulturlandschaften. In den tief eingeschnittenen Tälern dominieren meist feuchte Wiesen. Die Steilhänge sind bewaldet, und die Hochplateaus werden meistens landwirtschaftlich genutzt.

 # Luxemburg

Naturpark Obersauer
Natur und Kultur in den Luxemburger Ardennen

Ausflüge nach Europa

Das harmonische Zusammenspiel von Mensch und Natur ist hier seit Jahrtausenden die Grundlage eines attraktiven Lebensraumes. Wald bedeckt etwa die Hälfte des 18.387 ha umfassenden Gebiets, das liegt weit über dem luxemburgischen Landesdurchschnitt. Zur Bereicherung dieser Landschaft tragen auch die typischen Ortschaften mit ihren Gärten, kleinen Wegkapellen und den alten Wassermühlen bei.

Das Naturparkprojekt hat auch die regionale Wirtschaftsförderung zum Ziel.

Ausflüge nach Europa

Luxemburg

Naturpark Obersauer
Natur und Kultur in den Luxemburger Ardennen

So wurde das Gütesiegel „Produkt vum Séi" (vom See) geschaffen, das vor allem für die Vermarktung landwirtschaftlicher Produkte aus der Region bedeutsam ist. Traditionell wird hier Dinkel angebaut und mit dem Gütesiegel „Spelz vum Séi" vermarktet, u.a. auch für die Herstellung einheimischer Qualitätsbiere. Auch die hiesige Braugerste ist von bester Qualität.

„Véi vum Séi" ist das Qualitätssiegel für Fleisch aus der Region, hergestellt in einer eigenen Metzgerei von Tieren der alten Ardenner Haustierrassen, die andernorts längst verschwunden sind. Diese an das Klima besonders angepaßten Tiere liefern Fleisch von besonders guter Qualität.

Luxemburg

Naturpark Obersauer
Natur und Kultur in den Luxemburger Ardennen

Hier sieht man auch die typischen Ardenner Pferde, eine Kaltblutrasse, deren Vorfahren schon die Troßwagen der römischen Kaiser zogen.

Aus der heimischen Wolle werden heute in der 1975 stillgelegten und 1999 renovierten Tuchfabrik in Esch/Sauer besonders warme Decken hergestellt. Als „Duch vum Séi" vermarktet, wird so ein beeindruckendes Industriedenkmal erhalten, wo sich auch die Verwaltung des Naturparks befindet. Aus einheimischen Kräutern wird in Winseler „Téi vum Séi"-Kräutertee hergestellt, und mit den ätherischen Ölen einheimischer Pflanzen werden seit 2004 unter dem Namen „Bléi vum Séi" Seifen, Bad- und Pflegeöle und andere Wellnessprodukte hergestellt.

Ausflüge nach Europa

Ausflüge nach Europa

Luxemburg

Naturpark Obersauer
Natur und Kultur in den Luxemburger Ardennen

Im „Wanseler Kraidergaart" in Winseler werden mehr als 500 verschiedene Würz-, Heil- und Aromapflanzen präsentiert.

Die aus den örtlichen Produkten auf traditionelle Art zubereiteten Speisen gibt es in den als „Gourmet vum Séi" gekennzeichneten Restaurants zu kosten, und die Initiative „Cassolette vum Séi" stellt die traditionellen Gerichte der Region in monatlichen Veranstaltungen vor. Zur Zubereitung dieser Gerichte kann man im Naturpark Obersauer auch fertige Kräutermischungen aus heimischen Kräutern kaufen, z.B. „Zalot-Mix" für Salat aus Ysop, Petersilie, Estragon und Basilikum. Dieses Gebiet war eine der ersten Gegenden

Mitteleuropas, in der Kartoffeln angebaut wurden, und zusammen mit der benachbarten Region auf der belgischen Seite der Grenze werden hier historische Kartoffelsorten angebaut und vermarktet, die sich durch besonders guten Geschmack auszeichnen.

Zusammen mit dem weiter nördlich gelegenen Naturpark Our und dem sich anschließenden Mittellauf der Sauer ist der Luxemburger Norden eine wunderbare und dazu leicht erreichbare Ferienlandschaft, die zu jeder Jahreszeit schön ist. Im Winter verzaubert Schnee die Landschaft, im Frühjahr blühen Tausende Blumen und Sträucher, im Sommer kann man herrlich wandern, und im Herbst verzaubert das sich verfärbende Laub das ganze Land, und an vielen Stellen sprießen Steinpilze aus dem Boden ...

 Polen

Danzig
Hansestadt am Delta der Weichsel

Ausflüge nach Europa

Bis zum 18. Jahrhundert war Danzig das Tor Polens zur Welt. Die beiden rechtlich eigenständigen Teile der Kaufmannsstadt sowie die Bischofsstadt Oliva kontrollierten praktisch die gesamten Ein- und Ausfuhren des Landes über das Flußsystem der Weichsel und ihrer Nebenflüsse.

Die polnischen Könige und die Danziger Kaufleute schätzten einander sehr. Deshalb gestanden die Könige der Hafenstadt politische Autonomie zu, während die Danziger umgekehrt für einen reibungslosen Außenhandel des riesigen Landes sorgten. Beide Seiten verdienten gut an diesem Arrangement.

In den Nebenstraßen der Altstadt fühlt man sich in die Hansezeit versetzt. Nur wenige Meter vom Krantor oder von der Marienkirche mit ihren Touristenströmen haben die Einwohner ihre Stadt noch ganz für sich.

Polen

Danzig
Hansestadt am Delta der Weichsel

Die Stadt Danzig wurde deshalb im Laufe der Jahrhunderte prächtig ausgestattet. Das größte historische Bauwerk ist die riesige Marienkirche, die die gesamte Altstadt dominiert (gegenüber rechts). Aber auch die städtischen Gebäude und viele Bürgerhäuser zeugen vom Reichtum Danzigs. Eine Besonderheit der Stadt, die Danzig von anderen Hansestädten mit ihren engen mittelalterlichen Gassen unterscheidet, sind die Vorgärten in den Wohnvierteln der Altstadt.

 Polen

Danzig
Hansestadt am Delta der Weichsel

Ein typisches Schmuckelement sind die Wasserspeier, die Regenwasser von den Fallrohren an den Hausfassaden zur Abwasserrinne in der Straßenmitte transportieren. Mit schönen Schmuckelementen ausgestattet, dienen sie gleichzeitig als Begrenzung der Vorgärten. Dies und viel Grün machen die Stadt großzügig, elegant und wohnlich.

Ausflüge nach Europa

Ausflüge nach Europa

 ## Polen

Danzig
Hansestadt am Delta der Weichsel

Die stolzen Bürgerhäuser am Langen Markt erinnern an die Blütezeit der Stadt. Der Marktbrunnen würde selbst einer Stadt wie Florenz zur Ehre gereichen.

Doch mit der Besetzung durch die Preußen bei der 1. Polnischen Teilung 1772 verlor die Stadt ihre Lebensgrundlage. Der polnische Handel fiel plötzlich weg, und die stolze freie Stadt wurde eine preußische Provinzstadt, die mit horrenden Steuern belastet wurde.

Nur 1807 keimte Hoffnung auf, als Napoleon die Stadt befestigen ließ, um der Hafen seines kurzlebigen Herzogtums Warschau zu werden.

Polen

Danzig
Hansestadt am Delta der Weichsel

Gegen Ende des Zweiten Weltkrieges geriet das Weichseldelta in die Hauptkampflinie. Fast zwei Millionen deutsche Flüchtlinge strömten über das zugefrorene Haff und die Frische Nehrung aus dem ostpreußischen Kessel an Danzig vorbei zum Hafen von Gdingen, um von dort nach Westen evakuiert zu werden. Als die Stadt im Februar 1945 von der Roten Armee erobert wurde, waren die

Marienkirche und die ganze Stadt von Bomben und Feuer schwer beschädigt. Rotarmisten fuhren mit dem Kampfpanzer in die Kirche und gruben mit schwerem Gerät im Kirchenboden, um die reichen Gräber zu berauben und beschädigten dabei die Kirchenfundamente aufs schwerste. Doch die Danziger bauten ihre Stadt Stein für Stein wieder auf.

Ausflüge nach Europa

Ausflüge nach Europa

Polen

Danzig
Hansestadt am Delta der Weichsel

Der Wiederaufbau der historischen Innenstadt in wirtschaftlich schwierigen Zeiten ist ein größeres Wunder als die Entstehung dieser Stadt. Bürgerwille und Bürgerfleiß setzten sich gegen alle Widrigkeiten durch und voller Stolz prangt heute wieder überall das Wappen der Stadt (gegenüberliegende Seite, oben rechts).

Polen

Danzig
Hansestadt am Delta der Weichsel

Zusammen mit der modernen Hafenstadt Gdingen und dem Kurort Zoppot bildet Danzig die Dreistadt im Weichseldelta. Nach zwei sehr schwierigen Jahrhunderten haben die Menschen wieder die Hoffnung auf eine neue Blüte der Stadt, die der stolzen Vergangenheit würdig ist.

Ausflüge nach Europa

Ausflüge nach Europa

Polen

Danzig
Hansestadt am Delta der Weichsel

Links: Das Wahrzeichen des Danziger Hafens ist das historische Krantor. Hier konnten Waren aus Danzig direkt am Stadttor verladen werden.

Spanien

Trujillo
Die Stadt der Conquistadoren

Außerhalb Spaniens ist die Region Extremadura relativ unbekannt, jedenfalls in Europa. Doch in den spanischsprechenden Gebieten Lateinamerikas kennt jedes Kind diese Region, denn von hier stammten viele gerade der bedeutendsten Conquistadoren.

Der berühmte Historiker Salvador de Madariaga (auch bekannt als Gründer des Europakollegs in Brügge) hat den Hintergrund der Zeit der Eroberungen sehr eindringlich in seiner Biografie von Hernán Cortés beschrieben. Das historische Vorbild der Conquista war die Rückeroberung Spaniens von den Mauren, und dieser Kreuzzug war nicht nur politisch und religiös motiviert sondern war in erster Linie ein Wirtschaftsunternehmen.

Nach der Eroberung Granadas 1492 setzte sich dies fast nahtlos in dem im gleichen Jahr durch Columbus entdeckten neuen Kontinent fort, und es ist keine Übertreibung, wenn man davon ausgeht, daß zwei Drittel der führenden Conquistadoren aus der Extremadura stammten oder dorthin verwandtschaftliche Beziehungen hatten.

Das hat sich natürlich umgekehrt auch auf die Region ausgewirkt, aus der diese Leute stammten. Cáceres, die Hauptstadt, hat eine der schönsten Altstädte Europas mit Monumenten, die wie die Stadtmauer teilweise bis auf die Römerzeit zurückgehen.

Wie in vielen Städten im Inneren Spaniens brüten auch in der Altstadt von Cáceres Störche auf allen Kirchtürmen. Die immense Sommerhitze von mehr als 50 °C macht den Vögeln nichts aus.

Ausflüge nach Europa

Ausflüge nach Europa

 # Spanien

Trujillo
Die Stadt der Conquistadoren

Besonders imposant ist der Aljibe, die in arabischer Zeit gebaute Zisterne, deren Gewölbe von römischen und westgotischen Säulen getragen wird, zwischen denen sich das Wasser in dem fahlen Licht spiegelt, das durch die Zuflußöffnung fällt[1]. Die Adelshöfe gehen in der Regel auf das späte Mittelalter zurück, wurden aber natürlich auch mit dem neuen Reichtum aus den amerikanischen Kolonien weiter ausgebaut.

Der deutlichste Hinweis auf Lateinamerika ist im Palacio Toledo Montezuma zu finden, heute das Kultusministerium der Region Extremadura. Einer der Grafen von Toledo heiratete eine Aztekenprinzessin, und da er seine Ahnenreihe auf den aus Spanien stammenden römischen Kaiser Trajan zurückführte, ließ er in seinem Palast Fresken anbringen, die auf der einen Seite die zwölf Aztekenkaiser darstellen und auf der anderen Seite zwölf römische Kaiser, mit Trajan beginnend.

---

1   Heute befindet sich im darüber befindlichen Palacio de las Veletas (siehe Bild), der im 16. Jahrhundert an der Stelle des arabischen Alcázars errichtet wurde, ein geschickt integriertes Museum für moderne Kunst, das durch den Kontrast mit dem historischen Ort noch imposanter ist als allein schon durch seine Kunstwerke.

 Spanien

Trujillo
Die Stadt der Conquistadoren

So wunderschön die Altstadt von Cáceres aber ist, liegt sie doch inmitten einer modernen brodelnden Großstadt, die sich zu ihren Füßen ausbreitet. Ganz anders Trujillo. Die einzelnen Monumente sind hier zwar weniger spektakulär als in Cáceres, es gibt aber praktisch keinerlei neue Bebauung außerhalb des historischen Stadtkerns.

Schon von ferne, aus mehr als 30 Kilometern sieht man die Stadt in der gleißenden Sonne liegen, und käme Francisco Pizarro heute in seine Heimatstadt zurück, würde er sie ohne weiteres wiedererkennen.

Die Stadt wird von einer Festung bekrönt, in deren kahlem Innenhof ein großer Feigenbaum steht. Vor allem abends, wenn viele Falken pfeilschnell um die Festung fliegen, hat man von hier einen weiten Blick in die offene Landschaft der Extremadura.

Majestätisch thront die arabische Burg über der Altstadt von Trujillo.

Ausflüge nach Europa

 **Spanien**

Trujillo
Die Stadt der Conquistadoren

Wenn man von Madrid kommt, ändert sich westlich von Talavera de la Reina die Landschaft. Von hier bis zur 300 Kilometer entfernten portugiesischen Grenze bei Badajoz sieht man praktisch keine normale Landwirtschaft mehr sondern nur noch majestätische Eichen.

Sie stehen weit auseinander und haben deshalb alle kräftige Äste. Ihre Eicheln sind die Basis für die Zucht von Rindern und Schweinen, die praktisch frei gehalten werden und deshalb ein Fleisch liefern, das nicht nur in Europa unübertroffen ist. Ihr Holz ist von bester Qualität und liefert den Rohstoff für die Herstellung von Möbeln oder Weinfässern. Viele der Bäume sind über 400 Jahre alt, und die Eicheln aus denen sie entstanden, stammen von Bäumen, die von Philipp II. zum Bau der Armada gefällt wurden.

Bekannt ist die „pata negra", der Schinken einer schwarzfüßigen Schweinerasse, die hier typisch ist. Das Zentrum des „Iberico"-Schinkens ist Montanchez in der Sierra de Guadelupe sowie, in Altkastilien, auf der nördlichen Seite der majestätischen Sierra de Gredos, der Ort Guijuelo, südlich von Salamanca. Ein derartiger Schinken ist in der wunderbar trockenen Luft dieser Gegend getrocknet. Die beste Qualität wird in der Regel 18 Monate getrocknet, und ein derartiger Schinken wiegt zwischen 7 und 7,5 kg[1].

---

1 Ist er leichter, bezahlt man vor allem für den Knochen, ist er schwerer, so ist er oft nicht gleichmäßig getrocknet.

 # Spanien

Trujillo
Die Stadt der Conquistadoren

Echt ist nur die als „jamón ibérico de bellotas" bezeichnete Variante. Außer Schinken produziert man in dieser Gegend verschiedene Wurstsorten und vor allem getrocknetes Schweinefilet („lomo embuchado").

Die Schweinefleischprodukte sind der wichtigste Exportartikel dieser Gegend und deshalb im Ausland gut bekannt. Genauso gut ist aber auch das hiesige Rindfleisch, denn auch die Rinder wachsen praktisch wild und mit Eichelmast auf. Ein „solomillo" aus diesem Teil Spaniens ist von einer Qualität wie man sie selbst in Südbrasilien, Paraguay oder Argentinien nicht findet.

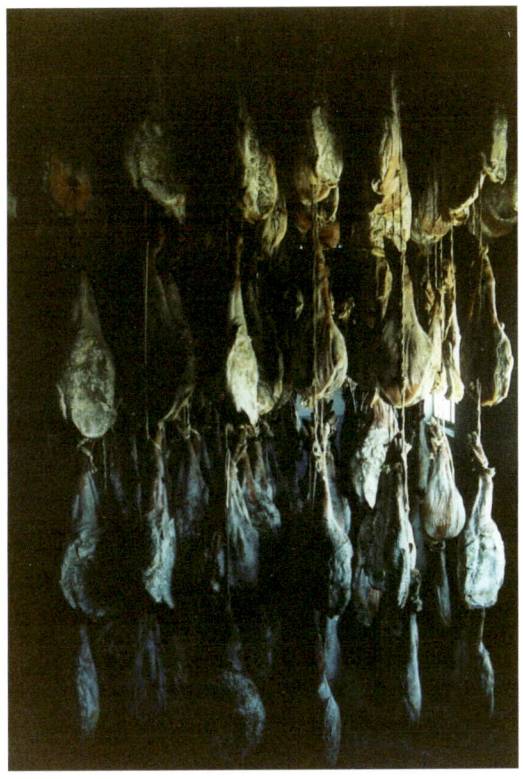

Rechts: In diesem Produktionsbetrieb in Guijuelo (Provinz Salamanca, Altkastilien) trocknen 16000 „pata negra"-Schinken der Qualität „jamón ibérico de bellotas".

In Trujillo gibt es hervorragenden Käse und in der Sierra de Guadelupe und in geschützten Gebieten anderswo produziert man sehr guten Wein. Da es im Sommer teilweise über 50 °C heiß wird, ist es für Wein und viele andere Pflanzen in weiten Gebieten zu heiß und zu trocken. Aus den Eicheln produziert man einen Likör, der hervorragend ist, falls er nicht zu stark gezuckert wurde. Die überraschendste Spezialität dieser Gegend sind aber „higos de Almoharín" aus einem Dorf am Fuße der Sierra de Cristobal. Diese Feigen kann man für alle klassischen Feigengerichte verwenden, aber am besten sind die kirschgroßen Feigen der zweiten Ernte, die man mit bitterer dunkler Schokolade überzieht, in der Qualität, die die heimkehrenden Eroberer Mexikos bei den Azteken kennengelernt hatten, wo Schokolade dem Adel vorbehalten war.

Ausflüge nach Europa

 # Spanien

Trujillo
Die Stadt der Conquistadoren

Die Conquistadoren liebten ihre Heimat sehr. Das zeigt sich daran, daß sie neugegründeten Städten oft den Namen ihrer Heimatstadt gaben, und so gibt es in Lateinamerika von der Karibik bis Argentinien 27 Städte namens Trujillo.

In einem Hotel in Trujillo befindet sich eine Karte von Lateinamerika mit Angaben, welche Söhne der Stadt an der Erforschung und Eroberung dieses Gebiets beteiligt waren, und von Mexiko bis Chile gibt es keine wichtige Region, wohin kein Trujillaner Conquistador gekommen wäre.

Besonders bekannt sind natürlich die Mitglieder der Familie Pizarro und Francisco de Orellana, der als erster Europäer den Amazonas erforschte.

Blick auf die Plaza Mayor von Trujillo: Im Zentrum das Reiterstandbild Francisco Pizarros, dahinter die Pfarrkirche San Martin (mit über einem Dutzend Storchennestern) und der Palacio de los Duques de San Carlos.

Ausflüge nach Europa

 Spanien

Trujillo
Die Stadt der Conquistadoren

In Europa weniger bekannt ist Diego García de Paredes. Sein gleichnamiger Vater diente im 15. Jahrhundert als Soldat in Italien, und über diesen „extremenischen Samson" sind in Spanien Anekdoten im Umlauf wie über den Baron Münchhausen. Sein Sohn nahm an der Eroberung Perus teil und wurde später einer der Gründerväter Venezuelas, wo er eine Stadt namens Trujillo gründete.

Der berühmteste Conquistador ist zweifelsohne Francisco Pizarro. Er entstammte einer Mésalliance seines Vaters und wuchs unehelich in der Oberstadt in einem kleinen Gebäude auf, während die ehelichen Kinder seines Vaters in der durch eine eigene Mauer abgetrennten vornehmen Unterstadt aufwuchsen. Ein Mitglied der Familie Pizarro (ebenfalls mit dem Vornamen Francisco) gelangte bereits früh nach Kuba und nahm 1519 als Leutnant an der Eroberung Mexikos durch Hernán Cortés teil. Später wurde Francisco Pizarro der Führer des Heeres, das das riesige Inkareich eroberte.

Von der immensen Beute erbauten sich Francisco Pizarro und sein Bruder Hernándo am Hauptmarkt in der Unterstadt einen gewaltigen Palast (Palacio de la Conquista) mit einem typisch extremenischen Eckbalkon. An dessen Seiten befinden sich die Bilder Francisco Pizarros mit seiner Frau Inés Yupanqui, der Schwester des letzten Inkaherrschers Atahualpa sowie, auf der anderen Seite, die Bilder Hernándo Pizarros, der nach der Ermordung seines Bruders sein Erbe wurde, sowie seiner Frau Francisca Pizarro Yupanqui, der gemeinsamen Tochter Francisco Pizarros und Inés Yupanquis.

Palacio de la Conquista.

Ausflüge nach Europa

Ausflüge nach Europa

Spanien

Trujillo
Die Stadt der Conquistadoren

Francisco Pizarro war weitläufig mit Francisco de Orellana verwandt und war durch seinen Vater ein Vetter zweiten Grades von Hernán Cortés, der das Reich der Azteken in Mexiko eroberte. Cortés stammt zwar nicht aus Trujillo sondern aus Médellin, lebte aber nach seiner Rückkehr aus Mexiko einige Zeit im Pizarropalast in Trujillo, im Gegensatz zu Francisco Pizarro, der 1541 in Lima ermordet wurde. Hernándo Pizarro wurde bei seiner Rückkehr nach Spanien 1539 für über 20 Jahre inhaftiert, bevor er diesen Luxus mit seiner Frau und Nichte genießen konnte.

Gegenüber des Pizarropalasts ist ein Reiterstandbild Francisco Pizarros aufgestellt, das ein amerikanischer Künstler 1926 der Stadt Trujillo schenkte (siehe unten).

Eckbalkon im extremenischen Stil am Palacio de la Conquista. Neben dem schmiedeeisernen Balkongitter sind die Porträts von Francisco Pizarro und seiner Familie.

Dahinter erheben sich der Palast der Herzöge von San Carlos und die Hauptkirche der Stadt, deren Dach eine Menge Storchennester trägt. Überhaupt sind die Störche, die sich in dieser extrem heißen Gegend sehr wohl fühlen, in vielen Städten der Extremadura ein gewohnter Anblick, und auch in Trujillo gehören sie seit jeher zum Leben der Stadt.

 **Spanien**

Trujillo
Die Stadt der Conquistadoren

Oben: Die Steinskulpturen in Trujillo (wie hier am Balkon des Palacio de Juan Pizarro de Orellana) sind nicht aus Sandstein sondern aus Granit.

Oben rechts: Ende des 12. Jahrhunderts wurde Trujillo endgültig von den Christen erobert. Aus dieser Zeit sieht man überall in der Altstadt gotische oder noch ältere arabische Häuser.

Mitte rechts:

Die Schmuckbeschläge am Portal des Palacio Chávez Mendoza führen die arabische Tradition fort. Ganz ähnliche Muster sieht man in Tunesien, wo im 18. Jahrhundert die letzten spanischen Mauren eine neue Heimat fanden.

Rechts: Blick von der Burg auf die Oberstadt (rechts), die Unterstadt und das Umland.

Ausflüge nach Europa

Ausflüge nach Europa

 **Spanien**

Trujillo
Die Stadt der Conquistadoren

Ein bekanntes Restaurant direkt neben der Plaza Mayor kann mittags die Zahl der aus der ganzen spanischsprechenden Welt angereisten Kunden kaum fassen, aber abends, wenn die Tagestouristen wieder nach Madrid zurückfahren, kann man durch die schönen Gassen der Stadt bummeln, das Flair der alten Bauten im arabischen oder im spanischen Renaissancestil genießen, und wenn man den Mauerseglern und Falken bei ihrem reißenden Flug vor dem leuchtenden Himmel zusieht, versteht man, wie eine so kleine Stadt der Welt so viele Helden schenken konnte.

Die Oberstadt von Trujillo. Hier war das Viertel der kleinen Leute, in dem der junge Francisco Pizarro aufwuchs. Oben rechts: Dieses Tor befindet sich in der Mauer, die die Oberstadt von der vornehmen Unterstadt trennte.

🇳🇱 Niederlande

Maastricht

Unter den vielen historischen Orten der Niederlande nimmt Maastricht eine besondere Stellung ein.

Schon in römischer Zeit war der Ort als einer der Zugänge zum Unterlauf von Rhein, Maas und Schelde eines der Tore zu den heutigen Niederlanden. Aus dieser Zeit haben sich beeindruckende Reste erhalten.

Im Mittelalter blühte der Ort auf, was sich in seinen reichen Kirchenbauten zeigt, vor allem in der Kathedrale Sint Servaas und in der fast unverändert im ottonischen Stil erhaltenen Liebfrauenkirche.

Zahlreiche Renaissance- und Barockfassaden in der gesamten Altstadt erinnern an das Goldene Zeitalter der Niederlande, während die Wälle der Festung daran erinnern, daß dieser Reichtum teuer erkauft werden mußte.

Maastricht hat ein warmes Klima, weshalb hier Weinbau möglich ist. Der lokale Wein ist von beachtlicher Qualität, und dazu paßt auf jeden Fall ein Stück niederländischer Käse.

Selbstverständlich kann man in Maastricht wie in jeder größeren Stadt in den Niederlanden die herrlichen Käsespezialitäten des Landes erwerben, die himmelhoch über den in ausländischen Supermärkten verkauften Käsesorten aus den Niederlanden stehen.

Ausflüge nach Europa

Ausflüge nach Europa

🇳🇱 Niederlande

Maastricht

Romadoe, den Käse aus der Gegend von Maastricht, findet man nicht leicht außerhalb seines Produktionsgebiets. Daher sollte man es nicht versäumen, sich bei jedem Besuch mit etwas Romadoe einzudecken.

Wegen des warmen Klimas spielt sich in den Sommermonaten ein Teil des Lebens draußen ab. Es ist schön, durch die Straßen der Altstadt zu bummeln oder an den draußen stehenden Tischen der Restaurants eine Kleinigkeit zu genießen.

Der Marktplatz neben dem Rathaus ist sehr groß, aber noch schöner ist der baumbestandene Platz vor der Kathedrale. Hier finden in der warmen Jahreszeit auch Veranstaltungen statt, bei denen sich die besondere Lebensfreude der Maastrichter Bevölkerung zeigt.

Die ottonische Westfassade der Liebfrauenkirche ist ein architektonisches Glanzstück der Stadt Maastricht

Ein weltweit bekannter Sohn der Stadt ist André Rieu, und wenn er auf diesem Platz Konzerte gibt, dann macht ganz Maastricht mit bis hin zum Domorganisten von Sint Servaas, der mit André Rieu zusammen musiziert.

Aber auch außerhalb der Sommermonate ist hier viel los. Maastricht ist eine Hochburg des Karnevals, und wenn man in der Karnevalszeit die Stadt besucht, sind viele Häuser prachtvoll in den Farben der verschiedenen Korporationen geschmückt.

Niederlande

Maastricht

Ein ganz anderes Bild ergibt sich von den Wällen der Festung. Neben den Wällen gibt es einen kleinen Tierpark, aber ein Teil der Wälle ist ein „Zoo" für ausgestorbene Tiere. Inmitten der schönen alten Bäume hat man Modelle vieler ausgestorbener Großtiere in die Festungsgräben gestellt, die auf den ersten Blick aussehen wie richtige Zootiere. Optisch gelungen mahnen uns diese Tierattrappen wie bedroht die Natur durch unvernünftige menschliche Eingriffe ist, und niemand, der hier spazierengeht kann von diesem Appell unbeeindruckt bleiben.

Der Maastrichter Karneval ist eine Reise wert

Quagga und Dronte sind schon ausgestorben und bitten um Schutz für die anderen Tiere

Direkt daneben gibt es ein kleines Tiergehege, und man kann hier das ganze Jahr hindurch mitten in der Stadt Ruhe und Entspannung finden.

Besonders schön ist es im Herbst, wenn sich die Blätter der alten Bäume verfärben und wenn unter den abgefallenen Blättern Herbstzeitlose weithin in der Sonne leuchten.

Ausflüge nach Europa

Ausflüge nach Europa

Niederlande

Maastricht

Schön ist auch ein Spaziergang auf den Wällen am Maasufer. Auf der einen Seite sind die Häuser der Altstadt und davor breiten sich der Fluß und das moderne Stadtzentrum aus, ganz nah, aber auf den Wällen befindet man sich in einer Oase der Ruhe und ist scheinbar meilenweit vom Trubel des Stadtzentrums entfernt.

Aber natürlich ist auch dieser Trubel Teil der Attraktivität der Stadt. Maastricht ist eine Stadt, in der man hervorragend einkaufen kann, und aus der ganzen Großregion mit den angrenzenden Großstädten Aachen und Lüttich kommen die Menschen oft und gern in diese Stadt.

Die Festungswälle sind heute ein herrlicher Park (links oben).

Die Kathedrale Sint Servaas und die Kirche Sint Jan liegen im Zentrum der Stadt (rechts oben und links unten).

Auch das Rathaus von Maastricht ist sehr eindrucksvoll (rechts).

Italien

Lucca
Perle der Toskana

San Frediano

Unter den Regionen Italiens zeichnet sich die Toskana durch besondere Vielgestaltigkeit aus. Vom Monte Amiata, dem Hausberg der Humanisten der frühen Neuzeit, bis zu den Marmorbrüchen Carraras gibt es jede Menge landschaftlicher und kunstgeschichtlicher Höhepunkte.

Ein besonderer Höhepunkt ist die Stadt Lucca. Sie liegt etwas mehr als eine halbe Autostunde vom Meer entfernt am Serchio, der bei Pisa ins Meer mündet, und ist von einem Kranz von Bergen umgeben. Diese Berge schützen die Stadt vor Wind und Wetter und haben die örtliche Landwirtschaft aber auch die örtliche Geschichte geprägt, da sie eine natürliche Barriere für eine Ausbreitung des mittelalterlichen Stadtstaates bildeten.

Die unmittelbare Nachbarstadt von Lucca ist Pisa. Die Pisaner hätten nur zu gerne Lucca annektiert. Deshalb war Lucca immer mit den Feinden der Pisaner verbündet, vor allem mit Florenz und Genua.

Den Florentinern und Genuesen kam dies sehr gelegen. Deshalb duldeten sie den kleinen Stadtstadt in ihrer Nachbarschaft und schützten seine Unabhängigkeit über die Jahrhunderte. Erst Napoleon machte dieser Unabhängigkeit ein Ende und setzte seine Schwester Elisa Buonaparte-Baciocchi zusammen mit ihrem Mann als Fürstin von Lucca und Piombino ein. Nach den Befreiungskriegen kam Lucca dann zum Großherzogtum Toskana und wurde mit diesem später ein Teil Italiens.

Italien

Lucca
Perle der Toskana

Lucca hat eine ertragreiche Landwirtschaft. Das milde Klima erlaubt z.B. die Produktion von hervorragendem Olivenöl. Anders als das typische toskanische Olivenöl, das in dem etwas rauhem Klima der Region hergestellt wird, ist das lucchesische Öl sehr säurearm und schmeckt deshalb vollkommen anders als etwa das Öl aus dem Chiantigebiet. Die lucchesische Küche, die nur das örtliche Öl verwendet, ist deshalb unverwechselbar.

Die Toskana ist zusammen mit Umbrien das alte Gebiet der Etrusker, und die heutige Regionalküche geht teilweise bis auf die Etrusker zurück.

Eine Spezialität aus Lucca ist Farro. Farro ist eine Art von Gerstengraupen, die in vielerlei Abwandlungen als Eintopf gegessen werden. In der Standard-Variante werden die Graupen mit Suppengrün in Gemüsebrühe gekocht, zusammen mit einem „zampuccio di maiale", einem Schweinsfuß, dem die Beinknochen entfernt wurden und durch grobe Wurstmasse nach Art der Sülze ersetzt wurden. Dies wird langsam gargekocht und bei Tisch mit frisch gemahlenem Pfeffer bestreut und mit lucchesischem Olivenöl übergossen.

Lucca, Kathedrale

Seite 199: Lucca, Stadtmauer und Kathedrale

 Italien

Lucca
Perle der Toskana

Eine andere Spezialität aus Lucca ist „tartara di cavallo con salsa verde", Tartar aus Pferdefleisch mit einer Sauce auf Basis frischer Gartenkräuter. Zum Abschluß kann man dann noch eine Biadina trinken, einen Kräuterlikör mit dem Geschmack von Hustensaft, dem man einige frisch geröstete Pinienkerne hinzufügt.

Ansonsten findet man in Lucca eine Regionalküche, die charakterisiert wird durch die Verwendung des lucchesischen Olivenöls und des örtlichen Weins, der sich ebenfalls durch seine leichte und gefällige Art von den schweren Weinen im Chiantigebiet unterscheidet. Sehr beliebt sind auch frische, d.h. unfermentierte und deshalb leicht bittere Oliven, die man für Fleischgerichte wie Huhn oder Kaninchen verwendet.

Ausflüge nach Europa

Ausflüge nach Europa

🇮🇹 Italien

Lucca
Perle der Toskana

Durch das milde Klima baut man hier weniger Bohnen an als etwa in Florenz, obwohl es natürlich auch hier wie in der ganzen Toskana viele Bohnengerichte gibt. Eine Spezialität aus Lucca sind die sogenannten „fagioli scritti", die etwas größer als die üblichen Borlottibohnen sind. Sie heißen „beschriebene" Bohnen, da auf den Kernen schwarze Linien sind, die an Schriftzeichen erinnern.

Lucca ist von einer von flämischen Baumeistern gebauten riesigen Stadtmauer umgeben, auf der man heute herrlich spazierengehen kann. Der Bau der Mauer dauerte mehr als ein Jahrhundert. Ihre militärische Stärke mußte die Mauer nie beweisen, aber sie bewahrte die Stadt vor den Fluten des Serchio und vor der Durchkreuzung durch die Eisenbahn oder durch moderne Durchgangsstraßen.

Lucca, Blick von der Stadtmauer auf San Frediano (links) und Palazzo Pfanrer (rechts)

Italien

Lucca
Perle der Toskana

Deshalb ist die Stadt zwar hervorragend an das Verkehrsnetz angeschlossen, aber die Altstadt hat ihre ursprüngliche Ruhe und Schönheit bewahren können.

Lucca befindet sich mitten im Nahverkehrsnetz der Großregion Florenz. Da viele Einwohner nach Florenz oder Pisa pendeln, fährt auf den wichtigsten Strecken praktisch alle halbe Stunde bis Stunde ein Zug. Eine Fahrt von 45 Minuten führt bis Santa Maria Novella im Herzen von Florenz. Man ist in einer halben Stunde am Flughafen von Pisa oder am Strand von Viareggio, und wer die Piazza dei Miracoli mit Dom und Schiefem Turm in Pisa besuchen will, fährt in wenigen Minuten mit dem Zug von Lucca nach Pisa San Rossore, 200 Meter vom Schiefen Turm entfernt.

Aber auch Lucca selbst ist reich an Monumenten und anderen Attraktionen. Das römische Amphitheater wurde später umgebaut und beherbergt heute Wohnungen. Direkt daneben liegt die herrliche Kirche von San Frediano. Am alten römischen Forum steht die mittelalterliche Kirche von San Michele in Foro mit einer riesigen Statue des Erzengels Michael auf dem Dach.

Der Dom von Lucca zeigt an seiner Fassade eine römische Marmorplatte mit einer Darstellung des Labyrinths. Der Dom weist auch einige nordeuropäische Stilelemente auf, die man mitten in der Toskana nicht unbedingt erwarten würde. Innen befindet sich das Grab von Ilaria del Carretto, eine der bedeutendsten italienischen Skulpturen des 15. Jahrhunderts.

Ausflüge nach Europa

Ausflüge nach Europa

🇮🇹 Italien

Lucca
Perle der Toskana

An weltlichen Bauten gibt es mitten in der Stadt den Torre Guinigi aus dem 14. Jahrhundert. Dieser Wohnturm eines Adelsgeschlechts weist auf der Spitze einen Dachgarten mit Bäumen auf, der in der Altstadt weithin sichtbar ist. Wenn man hier hinaufsteigt, sieht man die Ziegeldächer der Altstadt, die große Stadtmauer und nördlich davon bei klarem Wetter die im Winter schneebedeckten Gipfel der Apuanischen Alpen.

Als die jetzige Stadtmauer gebaut wurde, nahm man dies zum Anlaß für eine Stadterweiterung. Von der alten mittelalterlichen Mauer ist daher in der Altstadt noch ein kleiner Rest vorhanden.

In der Villa Guinigi und im Palazzo Mansi ist das örtliche Museum untergebracht, das sehenswerte Kunstwerke enthält. Lucca ist der Geburtsort der Komponisten Luigi Boccherini und Giacomo Puccini. Puccinis Geburtshaus nicht weit von San Michele ist heute Museum. Will man Puccini aber wirklich näher kommen, so muß man unbedingt einen Abstecher nach Torre del Lago machen, etwa 10 km südwestlich von Lucca, wo Puccini seine Villa erbauen ließ. Die Lage inmitten eines großen Pinienwalds am Ufer eines Sees und mit der besten Aussicht auf Camaiore und die Apuanischen Alpen ist einmalig, und hier hat Puccini wirklich gelebt und gearbeitet.

Zurück in Lucca selbst sollte man unbedingt den Palazzo Pfanner besuchen. Nicht nur das Gebäude lohnt den Besuch, sondern hier ist auch ein wunderschönes Kostümmuseum untergebracht.

Man sieht es der Stadt an, daß sie eine lange Tradition hat und daß die Menschen hier gerne leben. Die Besonderheit der Lage und Geschichte der Stadt führte dazu, daß immer genug Geld vorhanden war, die Stadt maßvoll weiterzuentwickeln und das Überkommene angemessen zu unterhalten. Deshalb ist Lucca eine der angenehmsten Städte Italiens, und jeder Besucher wird gern an seinen Besuch zurückdenken und freut sich schon auf den nächsten Besuch.

 Belgien

Antwerpen
Belgiens Tor zur Welt

Wer Antwerpen zum ersten Mal besucht, sollte unbedingt mit dem Zug anreisen. Von Brüssel aus passiert man zuerst Mecheln mit der berühmten Kathedrale, die vom Bahnhof aus gut zu sehen ist. Man fährt durch typisch flämische Dörfer und schon bald spürt man die Nähe einer großen Stadt. Weniger als eine Viertelstunde nach der Abfahrt aus Mecheln erreicht man schon den Antwerpener Vorortbahnhof von Berchem, und von hier dauert es nur vier Minuten bis zum Hauptbahnhof von Antwerpen.

Das letzte Stück der Strecke ist aufgeständert und mündet in eine immense Bahnhofshalle, die gerade erst komplett renoviert wurde. Neu ist das Durchgangsgleis Richtung Amsterdam, das man unter der Stadt gebaut hat, damit die modernen Schnellzüge in dem alten Kopfbahnhof nicht wertvolle Zeit verlieren.

Es ist aber viel eindrucksvoller, mit einem gewöhnlichen Zug zu reisen, denn der kommt oben in der eigentlichen Bahnhofshalle und nicht im Untergeschoß an.

Ausflüge nach Europa

Ausflüge nach Europa

 **Belgien**

Antwerpen
Belgiens Tor zur Welt

Die Gleiszone führt in die riesige Vorhalle, in der ein mittelgroßes Bürogebäude bequem Platz hätte, und über eine immense Treppe schreitet man hinab zu den Türen, die auf den Bahnhofsvorplatz und in die Stadt führen.

Der Hauptbahnhof von Antwerpen ist einer der imposantesten Bahnhöfe der Welt und hat in Belgien nicht seinesgleichen. Aber das ist erst der Anfang des Erlebnisses Antwerpen. Die aufgeständerten Gleise des Hauptbahnhofs bilden die Begrenzung des Antwerpener Zoos, dessen prunkvolles Haupttor keine 10 Meter rechts neben dem Bahnhof ist. Die Bögen unter den Gleisen und die darüber gebaute riesige Bahnhofshalle bilden die beeindruckende Kulisse vieler Einrichtungen des Antwerpener Zoos.

Belgien

Antwerpen
Belgiens Tor zur Welt

Früher war Antwerpen die Verbindung Belgiens mit dem Kongo. Der Zoo war früher weltberühmt für seine einzigartige Okapizucht. Heute gibt es auch anderswo Okapis zu sehen, aber die Antwerpener Zucht ist immer noch die größte Zucht der Welt.

Schon allein wegen seiner Lage im Stadtzentrum ist der Antwerpener Zoo kein riesiger Tierpark, und deshalb sollte man hier nicht sämtliche Tiere der Erde erwarten. Der Tierpark stammt aber im Kern aus der Zeit Ende des 19. Jahrhunderts, und einige der Gehege sind Baudenkmäler aus dieser Zeit, und das sieht man normalerweise heute nicht mehr. Es sind die Lage und die alte Originalausstattung, die diesen Zoo einzigartig machen, obwohl auch die modernen Teile sehr schön und sehr sehenswert sind.

Die Gegend auf der anderen Seite der Gleise ist genauso interessant, denn hier sind in den Bögen der Gleisträger kleine Geschäfte installiert. Es handelt sich aber nicht um irgendwelche Geschäfte sondern hier wird Diamantenschmuck verkauft, denn hier ist schon das Antwerpener Diamantenviertel rund um die berühmte Pelikaanstraat.

Für das Schneiden und Schleifen von Diamanten war Antwerpen bis vor etwa 50 Jahren das weltweit unangefochtene Zentrum. Im Laufe der Zeit etablierten

sich andere Schleifzentren, vor allem in New York sowie nach der Unabhängigkeit Indiens 1947 und nach der Gründung des Staates Israel 1948 in Bombay und Tel Aviv. Anders als vor hundert Jahren ist Antwerpen deshalb nicht mehr das einzige große Zentrum der Diamantenschleiferei in der Welt aber immer noch das größte und traditionsreichste.

Ausflüge nach Europa

Belgien

Antwerpen
Belgiens Tor zur Welt

An das Diamantenviertel schließt sich das Gebiet mit den großen Kaufhäusern an, und dazwischen liegt gleich neben dem Bahnhof die Zone mit den Schnellrestaurants.

Auf dem Weg passiert man die Antwerpener Oper und viele reiche Wohn- und Geschäftshäuser. Der „Meir" ist die Kauf- und Flaniermeile der Stadt. Täglich zieht er Tausende von Kunden an. Doch gleich dahinter sind schon die historischen Bezirke der Stadt.

In der frühen Neuzeit war Antwerpen der bedeutendste Hafen der Niederlande, nachdem der alte Hafen von Brügge versandet war. Die Reformation und der Abfall der nördlichen Niederlande führten zum Krieg zwischen den nördlichen Provinzen und den habsburgischen Herren von Antwerpen. Die Niederländer sperrten häufig und mit Erfolg die Schelde und bauten Amsterdam als neuen internationalen Handelsknotenpunkt aus. Darunter litt der Handel in Antwerpen, doch blieb die Stadt der größte Hafen aber vor allem das kulturelle Zentrum der habsburgischen Niederlande.

Alle wichtigen Maler dieses Gebietes lebten und arbeiteten im 16. und 17. Jahrhundert in Antwerpen. Außer Pieter Brueghel dem Älteren und Pieter Paul Rubens stammten die meisten sogar aus der Stadt: Abraham Janssens, Frans Snyders, David Teniers (Vater und Sohn), Frans Hals und vor allem Anton van Dyck. Ihre Werke kann man nicht nur in den großen Museen der Welt sondern auch und vor allem in der Stadt Antwerpen selbst bewundern.

Besonders bedeutend war Rubens, dessen Werke im Dom und in anderen Kirchen und in seinem Wohnhaus zu besichtigen sind.

Hinter dem Meir breitet sich die historische Altstadt aus. Während des belgischen Unabhängigkeitskampfs und im Zweiten Weltkrieg gab es schwere Schäden, doch auch heute ist die Altstadt noch äußerst beeindruckend.

Belgien

Antwerpen
Belgiens Tor zur Welt

Der Dom mit seinem hohen Turm liegt im Herzen der Stadt. Ringsum gibt es viele Kneipen in denen man das herrliche flämische Bier genießen kann. Besonders hübsch ist der Brauch, Bier in Tonflaschen abzufüllen, die mit Sektkorken verschlossen werden. Zu einem feierlichen Abendessen passen diese Tonflaschen so gut wie ein teurer Wein.

In Antwerpen ist immer etwas los. In der Fußgängerzone und auf den Plätzen rings um den Dom kann man sich bei schönem Wetter draußen hinsetzen und das Spektakel genießen. Besonders imposant ist auch der Platz vor dem fahnengeschmückten Rathaus.

Eine Statue nimmt Bezug auf die Legen-

de, wonach ein Riese Leuten, die keinen Zoll für das Passieren der Stadt bezahlen konnten, die Hand abgehackt und in den Fluß geworfen habe, daher der Name „(h)ant werpen".

Ausflüge nach Europa

Belgien

Antwerpen
Belgiens Tor zur Welt

Direkt hinter dem Rathaus liegt der Alte Hafen neben den Überbleibseln der alten Festung. Zwischen Rathaus und Altem Hafen gibt es jede Menge erstklassige Speiselokale. In Antwerpen kann man hervorragend essen, wobei in der umliegenden Provinz nicht nur große Mengen Fleisch produziert werden sondern auch Spargel und Kräuter wie frischer Kerbel gut gedeihen. Und natürlich gibt es erstklassigen Fisch. Die typischen Fische der Nordsee wie Seezungen werden ergänzt durch Aale. „Paling in t'groen" („Aal im Grünen", d.h. mit Kräutersauce) ist eine bekannte flämische Spezialität.

Das typische Gericht Flanderns ist aber gewiß die Zubereitung von Miesmuscheln auf vielerlei Art. In Flandern werden pro Kopf der Bevölkerung jährlich etwa 20 kg Muscheln gegessen. Es gibt sie von Juli bis April, und sie sind einfach hervorragend. Der flämische Käse ist nicht so bekannt wie der holländische, steht ihm aber in Geschmack und Qualität nicht nach. Flämischer Käse aus Rohmilch ist ein Hochgenuß. Und dann gibt es noch die flämischen Süßspeisen. Spekulatius wird in Deutschland nur in der Weihnachtszeit gegessen, aber in Flandern gibt es ihn das ganze Jahr, und er wird in großen Mengen verzehrt. Selbst wenn die Stadt nicht so schön und interessant wäre wie sie ist, wäre sie allein als kulinarisches Reiseziel jede Sünde wert.

Wenn man in Antwerpen ist, sollte man unbedingt den Hafen besuchen. Am Alten Hafen fahren ständig Ausflugsschiffe ab. Eine kurze Tour zeigt  die malerische Silhouette der Stadt und die Highlights des Hafens, wer aber Zeit hat, sollte sich den nach Rotterdam zweitgrößten Hafen Europas nicht entgehen lassen. Der heutige Hafen ist durch den Kennedytunnel mit der Stadt verbunden und ist eine Welt für sich. Antwerpen ist eben in jeder Hinsicht interessant und schön, und das bei jedem Wetter und zu jeder Jahreszeit.

Malta

Mdina und Rabat
Weltkulturerbe im Herzen des Mittelmeers

Seit 2004 ist Malta der kleinste Mitgliedstaat der Europäischen Union. Das Attribut „klein" bezieht sich aber lediglich auf die Fläche und auf die Gesamtzahl seiner Einwohner, denn sonst liegt Malta überall weit vorn. Malta ist beispielsweise das am dichtesten bevölkerte Land Europas. Und doch hat sich das Land Naturparadiese und Dorfidylle weitgehend bewahren können.

Auch kulturell kann das kleine Land mit vielen Superlativen aufwarten. Ob Malta schon in der Altsteinzeit bewohnt war, ist heftig umstritten, aber dafür war es in der Jungsteinzeit und in der Kupferzeit ein kulturelles Zentrum ersten Ranges. Kein anderes Land kann mit einer solchen Dichte und Qualität steinzeitlicher Tempel aufwarten wie die Insel Malta und seine Nachbarinsel Gozo. Mehr als ein Dutzend große Fundstätten sind zur Zeit bekannt und der Öffentlichkeit zugänglich.

Die geschichtliche Zeit setzt vor fast 3000 Jahren ein, und seit dieser Zeit kamen und gingen viele Eroberer und Herren, angefangen von den Phöniziern. Heute noch haben die meisten der typischen maltesischen „Luzzu"-Fischerboote in phönizischer Tradition ein aufgemaltes Auge, das Unheil von dem Boot fernhalten soll. Später kamen die Römer, die Byzantiner und nach den Wirren der Völkerwanderungszeit war Malta ab 870 über zwei Jahrhunderte hindurch arabisch. Das arabische Erbe zeigt sich vor allem in der maltesischen Sprache, die sich aus dem Arabischen entwickelt hat und die einzige semitische Sprache ist, die mit um einige Sonderzeichen ergänzten lateinischen Buchstaben geschrieben wird.

Der größte Fischereihafen Maltas ist Marsaxlokk (ausgesprochen „Marsa Schloch" = „Südlicher Hafen").
Seit fast 3000 Jahren werden nach phönizischem Vorbild Augen auf die „Luzzu"-Boote gemalt.

Ausflüge nach Europa

Ausflüge nach Europa

 **Malta**

Mdina und Rabat
Weltkulturerbe im Herzen des Mittelmeers

Eine besondere Attraktion Maltas ist die Doppelstadt Mdina/Rabat. Mdina (früher auch „Città Notabile" genannt, nachdem sie 1422 18000 angreifenden Türken widerstand) ist die ursprüngliche Inselhauptstadt. Sie umfaßt einen Teil der während der römischen Herrschaft hier befindlichen Stadt Melita. Dieser wurde in arabischer Zeit zur Festung (arabisch „mdina") ausgebaut. Diese Festung war bis ins 16. Jahrhundert die Hauptstadt der Insel. 1530 wurde die Insel, die seit der normannischen Eroberung ein Teil des Königreichs Sizilien gewesen war, von Kaiser Karl V. (als König von Spanien auch Herrscher Siziliens) dem Johanniterorden als Lehen übertragen. Die Johanniter waren soeben von den Türken von ihrer Besitzung Rhodos vertrieben worden, und als Gegenleistung für die Belehnung mit Malta sollte der Orden die Insel gegen die islamischen Reiche verteidigen. Aus strategischen Gründen und auch wegen der internen Struktur des Ordens verlegte der Orden den Regierungssitz zunächst nach Birgu (das heutige Vittoriosa) an dem großen Naturhafen an der Nordküste der Insel. Nach der mehrmonatigen Belagerung durch die Türken 1565 wurde gegenüber von Birgu die heutige Hauptstadt Valetta angelegt. Mdina behielt also nur die Rolle als starke Festung und vor allem die Rolle als Sitz des Erzbischofs von Malta. Die Festung wurde deshalb ausgebaut und die Stadt behielt einen sehr vornehmen und aristokratischen Charakter. Nach einem Erdbeben 1693 wurde die in Teilen noch normannisch-gotische Altstadt von Mdina barockisiert.

Malta

Mdina und Rabat
Weltkulturerbe im Herzen des Mittelmeers

Die heutige Stadt Mdina hat weniger als 300 Einwohner. Das bewahrt den besonderen Charakter der Stadt, die als Ganzes unter dem Schutz des Weltkulturerbeprogramms der UNESCO steht.

Wie in Malta üblich ist die gesamte Stadt aus gelblichem Kalkstein gebaut. Abends, wenn sich die Tagestouristen wieder auf den Rückweg in ihre Hotels begeben haben, kommt die Stadt zur Ruhe, die flirrende Hitze des Tages weicht angenehmen Temperaturen, und die weiche Abendsonne läßt den Kalkstein in einem wunderbaren Goldton erstrahlen.

Damit kommt selbst die von Miguel de Unamuno so hymnisch besungene Altstadt von Salamanca nicht mit.

Wenn die Geschäfte schließen haben die Bewohner der Altstadt, die Gäste des einzigen Hotels und der wenigen Restaurants die Stadt völlig für sich. Autoverkehr ist verboten und auch die Pferdekutschen für die Touristen rattern nicht mehr über die Straßen der Stadt.

Ausflüge nach Europa

Ausflüge nach Europa

Malta

Mdina und Rabat
Weltkulturerbe im Herzen des Mittelmeers

In dieser Abendstimmung wirkt die Stadt besonders aristokratisch und erhaben. Trotzdem ist die Stadt sehr lebendig.

Statt Hufgeklapper hört man Kirchenglocken, und die Restaurants verwöhnen ihre Kunden mit ihren typisch maltesischen Spezialitäten wie etwa Wachteln in Honigsauce („summien mixwi").

Malta

Mdina und Rabat
Weltkulturerbe im Herzen des Mittelmeers

Am nächsten Morgen steigt die Sonnenscheibe langsam aus dem Mittelmeer hervor, und von den Wällen der alten Festung Mdina schweift der Blick weit über das Land und das umgebende Meer. Bevor die Verdunstung des Meerwassers den Blick trüben kann, hat man eine prachtvolle Aussicht auf die Stadt Valetta, deren Silhouette von der gewaltigen Kuppel der Karmeliterkirche dominiert wird. In der entgegengesetzten Richtung sieht man jenseits der Festungswälle die Dächer von Rabat. Nach dem Frühstück auf der Terrasse des Hotels ist es deshalb Zeit für einen Spaziergang ins Umland.

Oben: Blick über Malta und das Mittelmeer mit der Silhouette von Valetta.

Links: Blick über die Dächer von Mdina auf Rabat. Für das Fest Mariae Himmelfahrt hat sich die Stadt Rabat besonders schön geschmückt.

Ausflüge nach Europa

Ausflüge nach Europa

Malta

Mdina und Rabat
Weltkulturerbe im Herzen des Mittelmeers

Gleich außerhalb des barocken Haupttors der Festung Mdina liegt der Busbahnhof von Rabat.

Busfahren ist in Malta ganz einfach, da wegen der hohen Bevölkerungsdichte alle Teile der Insel ständig angefahren werden. Busfahren ist aber auch ein technisches Erlebnis, da wegen des milden Klimas und dank guter Pflege in Malta viele historische Busse meist britischer Bauart im Einsatz sind.

Oben: Haupttor von Mdina.

Aus dem kargen Boden zu Füßen des Doms von Mdina zaubern die Bauern köstliche Früchte: Kaktusfeigen, Melonen, Feigen, Oliven, Tomaten und vor allem Wein (rechts). Über den nahegelegenen Klippen von Dingli wachsen Kapernsträucher.

Das Inselinnere ist bekannt für Kaninchen in Rotweinsauce und für Maltesisches Schneckenragout.

Malta

Mdina und Rabat
Weltkulturerbe im Herzen des Mittelmeers

Oben: Malta ist nicht nur von der Sonne verwöhnt. In der klaren Nachtluft kann man auch Himmelsereignisse beobachten wie diese Mondfinsternis am 16.8.2008.

Unten: Bilder aus Rabat: Dominikanerplatz (Mitte links) Pfarrkirche (Mitte rechts) und Altstadtimpressionen.

Rabat, die Zwillingsstadt von Mdina, ist ein recht großer Ort mit mehr als 10000 Einwohnern, in dem man schön wohnen und einkaufen kann. Auch Rabat ist geschichtsträchtiger Boden, soll doch hier der Apostel Paulus nach seinem Schiffbruch vor der Küste gelebt und sogar den Stadtpräfekten Publius bekehrt haben, der daraufhin Maltas erster Bischof wurde.

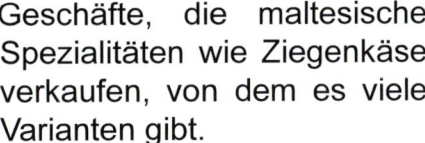

Über der Grotte, in der Paulus gelebt haben soll, erhebt sich heute die imposante Stadtkirche von Rabat. Rund um die Kirche gibt es Restaurants und Geschäfte, die maltesische Spezialitäten wie Ziegenkäse verkaufen, von dem es viele Varianten gibt.

Ausflüge nach Europa

Ausflüge nach Europa

Malta

Mdina und Rabat
Weltkulturerbe im Herzen des Mittelmeers

An der Nahtstelle zwischen den beiden Städten ist ein schöner Park mit Blick auf die Wälle der Festung, und hier befinden sich auch die Ruinen einer römischen Villa mit schönen Mosaiken. Mit einer Touristenbahn kann man von hier aus die Zwillingsstädte und das Umland erkunden, und die spektakulären Klippen von Dingli (der höchste Punkt der Steilküste Maltas) sind nicht weit. Und jeder, der Mdina und Rabat kennengelernt hat, freut sich schon auf den nächsten Besuch.

Oben: Das Westtor ist eines von drei Stadttoren von Mdina. Im Haupttor der Festung ist ein Bild der Stadt angebracht (rechts oben). Rund um den Domplatz gibt es prächtige Bauten (unten und rechts).

➕ Finnland

Munkkiniemi (Klosterbakken)
Finnlands Freilichtmuseum

Turku (schwedisch Åbo) ist zu Unrecht im Ausland viel weniger bekannt als die finnische Hauptstadt Helsinki. Turku war bis zur russischen Besetzung im Jahre 1809 jahrhundertelang die Hauptstadt Finnlands.

Da Finnland damals die größte Auslandsregion unter schwedischer Kontrolle war, war häufig der schwedische Kronprinz der Gouverneur dieser Provinz. Er konnte so das Regieren lernen und war im Ernstfall innerhalb eines Tages mit dem Schiff in Stockholm, das Turku direkt gegenüber liegt. Das Schloß von Turku war deshalb - anders als Helsinkis Festung Suomenlinna - auch ein Repräsentationsbau und war entsprechend schön ausgestattet, was man trotz späterer Kriegsschäden heute noch sehen kann.

Das Schloß von Turku war jahrhundertelang die Residenz der finnischen Regenten.

Ausflüge nach Europa

Europäische Kommission

Finnland

Munkkiniemi (Klosterbakken)
Finnlands Freilichtmuseum

Dichter Wald bedeckt die meisten Schären vor Turku.

Turku liegt wunderschön am Meer. Das Gelände ist leicht hügelig und bietet daher wunderschöne Aussichtspunkte auf die Ostsee und vor allem auf die zahllosen vorgelagerten Inseln, die den Schären vor Stockholm an Schönheit nicht nur nicht nachstehen sondern sie sogar übertreffen. Schon in den Außenbezirken gibt es deshalb viel zu sehen.

Ausflüge nach Europa

⊕ Finnland

Munkkiniemi (Klosterbakken)
Finnlands Freilichtmuseum

Die eigentliche Stadt gruppiert sich um den mittelalterlichen Dom herum. Der Dom ist ein Baudenkmal, das in Finnland einzigartig ist. Dort befanden sich früher die Gassen der mittelalterlichen Altstadt. Hier spielte sich ein Teil der Geschichte des schwedischen Königs Erik XIV. ab, der sich in ein Mädchen aus dem Volke verliebte und sie prompt zu seiner Königin machte.

Leider hat die Geschichte kein Happy End, da Erik später entthront und ermordet wurde und heute im Dom von Västerås am Nordwestufer des Mälarsees begraben ist. Karin Månsdotter wurde zwangsweise von ihrem Gemahl getrennt und bis zu seinem Tod in Schloß von Turku interniert.

Als der Zar 1809 Finnland annektierte, ließ er die Hauptstadt von Turku nach Helsinki verlegen, da Turku für seinen Geschmack zu weit von Sankt Petersburg entfernt lag und viel zu nah an Stockholm. Turku blieb aber noch lange das wirtschaftliche Zentrum Finnlands, wo alle reichen Kaufleute wohnten.

1827 brach in Turku ein Großbrand aus, dem bis auf den steinernen Dom praktisch die gesamte in Holz gebaute Innenstadt zum Opfer fiel. Am Rande der Innenstadt befand sich auf einem Hügel (Valtiovuorenmäki) die Sternwarte von Turku. Damit man die Sterne ungestört beobachten konnte, war es verboten, auf diesem Hügel zu bauen, damit die Beleuchtung der Häuser die Arbeit der Sternwarte nicht behinderte. Deshalb übersprangen die Flammen diesen Hügel nicht, und so blieb als einziger Stadtteil Turkus der dahinterliegende Hügel Munkkiniemi (schwedisch Klosterbakken, so genannt, weil hier im Mittelalter ein Kloster war) vollständig vom Feuer verschont.

Ausflüge nach Europa

Ausflüge nach Europa

➕ Finnland

Munkkiniemi (Klosterbakken)
Finnlands Freilichtmuseum

Nach dem verheerenden Großbrand setzten sich die Stadtväter zusammen und berieten, wie es weitergehen sollte. Man beschloß, die Stadt systematisch wiederaufzubauen und dabei möglichst Steinbauten zu bauen, die weniger brandgefährdet waren. Viele öffentliche Gebäude aber auch schöne Villen für die reichen Kaufleute wurden von Carl Ludwig Engel gebaut, dem Architekten des Zaren für die baltischen Länder, von dem auch das klassizistische Stadtzentrum Helsinkis stammt. Die Bauten in Turku mußten Rücksicht auf gewachsene Verhältnisse nehmen und sind daher zwar weniger systematisch angelegt als die in Helsinki, aber da die Bauherren Geld und Geschmack hatten und da die Landschaft viel interessanter ist, sind die entstandenen Werke alle wunderschön und können sich jederzeit mit Helsinki messen.

Der Stadtrat beschloß, auch Munkkiniemi, zu diesem Zeitpunkt das Viertel der kleinen Handwerker und Gewerbetreibenden neuzugestalten, sobald die eigentlichen Brandschäden beseitigt waren.

Aus diesem Grund modernisierten Eigentümer ihre Anwesen nicht mehr, da sie mit einem baldigen Abriß rechnen mußten. Nach vielen Jahren erkannte man aber, welchen Schatz ein derartiger Stadtteil im alten Stil darstellte.

✚ Finnland

Munkkiniemi (Klosterbakken)
Finnlands Freilichtmuseum

Deshalb korrigierte man den ursprünglichen Beschluß und richtete hier ein Freilichtmuseum ein.

Anders als die meisten Freilichtmuseen handelt es sich hier um einen gewachsenen Stadtteil aus dem frühen 19. Jahrhundert. Munkkiniemi wirkt deshalb zu Recht viel authentischer als die meisten Freilichtmuseen. Da es die Mehrzahl der handwerklichen und kaufmännischen Berufe früher einmal an dieser Stelle gab, ergänzte man lediglich den vorhandenen Bestand um Gewerke, die es früher hier nicht gab, etwa eine Schmiede.

Auch die Innenausstattung ist zum großen Teil original erhalten geblieben.

Wenn man als Besucher durch die Straßen von Munkkiniemi bummelt und in einem der alten Läden Lebensmittel oder Andenken erwirbt, fühlt man sich in die Biedermeierzeit zurückversetzt. Fast jedenfalls, denn bezahlen muß man die schönen Sachen natürlich in Euro ...

Ausflüge nach Europa

Ausflüge nach Europa

+ Finnland

Munkkiniemi (Klosterbakken)
Finnlands Freilichtmuseum

🇫🇷 Frankreich

Cahors und das Quercy
Frankreichs Südwesten

Der Lot ist ein typischer Fluß im Südwesten Frankreichs. Außer im Winter fließt er meist friedlich zwischen den schroffen Felswänden dahin, die sein Wasser aus dem Kalkstein gefräst hat. Das Quercy, die Gegend bei Cahors, ist teilweise verkarstet, und in den zahlreichen Höhlen haben Menschen schon in der Altsteinzeit gewohnt. In historischer Zeit folgten den Kelten, Römern und Franken die mittelalterlichen Herrscher. Im Hohen Mittelalter lag dieses Gebiet im Spannungsfeld der Auseinandersetzung zwischen den englischen Herrschern der Plantagenet-Familie, die um Bordeaux herum die Lehnsherren waren, und den französischen Königen in Paris, die ihren Einfluß im gesamten Königreich festigen wollten.

Oben: Inmitten ausgedehnter Eßkastanien- und Eichenwälder befindet sich das Schloß von Bonaguil. Seine stolzen 13 Türme und seine 350 Meter lange Mauer wurden im 15. Jahrhundert erbaut und entsprechen dem neuesten Stand der damaligen Fortifikationstechnik.

Ausflüge nach Europa

Ausflüge nach Europa

🇫🇷 Frankreich

Cahors und das Quercy
Frankreichs Südwesten

Die Südfranzosen gerieten so in den Strudel der Ereignisse. Die Nordfranzosen der „langue d'oeil" hatten aber nicht nur patriotische Motive sondern wollten auch möglichst viel von den lukrativen Gütern im Gebiet der „langue d'oc" unter ihre wirtschaftliche Kontrolle bringen. Der Kampf gegen die Katharersekte, die man nach der Stadt Albi auch die Albigenser nennt, kam ihnen da gerade recht. Das erklärt, warum viele Herrensitze aber auch viele Städte in den unruhigen Zeiten des 12. und des 13. Jahrhunderts befestigt wurden.

Im Hundertjährigen Krieg zwischen den Engländern und den französischen Königen verlagerten sich die Kämpfe weiter nach Norden, doch auch in dieser Zeit hielten es die Bewohner des Quercy für klüger, sich durch Mauern zu schützen.

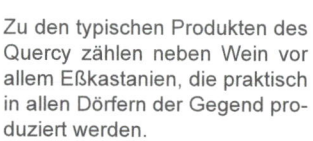
Zu den typischen Produkten des Quercy zählen neben Wein vor allem Eßkastanien, die praktisch in allen Dörfern der Gegend produziert werden.

Ausflüge nach Europa

Frankreich

Cahors und das Quercy
Frankreichs Südwesten

Diese kriegerischen Zeiten sind heute zum Glück vorbei, und so lebt die ganze Gegend heute von ihrer hervorragenden Landwirtschaft und von sanftem Fremdenverkehr. Die Hauptstadt des Départements Lot ist Cahors, berühmt für seine befestigte Brücke Pont Valentré und für seinen erstklassigen Rotwein. Ringsum gibt es eine vielgestaltige Landschaft mit Burgen, kleinen Dörfern und Städtchen, wo man sich wunderbar erholen kann. Nördlich von Cahors liegt der Naturpark der „Causses du Quercy". Heutzutage sind die Verkehrswege gut ausgebaut und man kann sowohl vom nahen Toulouse aus nach Cahors fahren wie auch direkt von Paris auf der A 20 (E 9) über Limoges und Brive-la-Gaillarde.

Castelfranc ist nicht nur für seine Kirche (oben) berühmt, sondern auch für seine Lavendelproduktion (links). Gänse und Enten findet man dagegen überall in der Gegend (unten).

Ausflüge nach Europa

 **Frankreich**

Cahors und das Quercy
Frankreichs Südwesten

Hier kann man es sich zu jeder Jahreszeit gut gehen lassen, und man erfährt das in Frankreich so genannte „Wunder des Südwestens", denn es gibt es hier deutlich weniger Herz- und Kreislauferkrankungen als im Rest Frankreichs, obwohl die regionale Küche sehr schwer ist.

Aber man muß hier nur einmal einen ländlichen Markt besuchen, dann versteht man unschwer, daß Ruhe und Gelassenheit der beste Arzt sind. Die Maxime „Leben wie Gott in Frankreich" ist sicher hier entstanden. Das Quercy verwöhnt eben Leib und Seele vollkommen auf seine unnachahmliche Weise.

Unten: Die mittelalterliche Wehrbrücke Pont Valentré ist das Wahrzeichen von Cahors.

▬ Lettland

Riga
Stadt des Jugendstils

Riga, die Hauptstadt Lettlands, ist die größte Stadt im Baltikum. Vor etwas mehr als 800 Jahren vom Bremer Erzbischof gegründet, wurde die Stadt bis zur Reformation von seinen Bischöfen beherrscht, was oft zu Zwist nicht nur mit den lettischen Bewohnern des Umlands sondern auch mit Russen und Polen sowie mit den in Estland und in Ostpreußen ansässigen Rittern des Deutschen Ordens führte. Livland, dessen historische Hauptstadt Riga ist, war jahrhundertelang ein äußerst unruhiges Fleckchen Erde.

Als im Jahre 1502 in der letzten nach mittelalterlicher Tradition geschlagenen Schlacht Europas den Livländern ein entscheidender Sieg über Ordensritter und Russen gelang, blühte das Land in den folgenden 60 Jahren Frieden auf. Als Mitglied der Hanse vermochte Riga großen Nutzen aus Handel und Wandel zu ziehen, wovon in der Altstadt trotz späterer Zerstörungen noch bedeutende Reste erhalten sind. Später geriet Livland erst unter schwedische und dann im 18. Jahrhundert unter russische Herrschaft.

Unten: Am nördlichen Ufer der Düna erstreckt sich die malerische Altstadt von Riga (oben und rechts oben).

Ausflüge nach Europa

Lettland

Riga
Stadt des Jugendstils

Ursprünglich lebten in Riga je etwa ein Drittel Letten und Deutsche. Die anderen Bewohner gehörten verschiedenen Nationalitäten an, darunter Russen, Litauer, Polen und viele Juden.

Im Gefolge der Industrialisierung ab etwa 1860 wanderten viele Letten aus dem Umland und Russen aus dem Hinterland zu. Schnell avancierte die Stadt zum drittgrößten Hafen des Zarenreichs, der gegenüber Sankt Petersburg den Vorteil hatte, jährlich sechs Wochen länger eisfrei zu sein.

Wohnungsmangel und Reichtum aus dem sich neu entwickelnden Im- und Export waren die Haupttriebfedern des rasanten Wohnungsbaus Ende des 19. Jahrhunderts. Die Neustadt von Riga ist deshalb bis heute ein architektonisches Schatzkästlein mit vielen sehenswerten Bauten und steht als Weltkulturerbe unter internationalem Schutz.

Ausflüge nach Europa

Lettland

Riga
Stadt des Jugendstils

Der bedeutendste Architekt des Rigaer Jugendstils ist Michail Ossipowitsch Eisenstein, der Vater des berühmten Regisseurs. Den Werken seines Sohnes merkt man deutlich an, wie gut ihm sein Vater den Blick für die Wirkung von Bauten geschärft hatte.

Michail Eisenstein baute von 1893 bis zum Ersten Weltkrieg mehr als 50 Häuser in Riga und bestimmt so bis heute das Gesicht der Stadt maßgeblich mit.

Anders als sein Sohn konnte er sich aber nicht mit dem Sowjetregime anfreunden.

Michail Eisenstein emigrierte nach Berlin, wo er 1921 starb. Mit ihm ging eine Ära zuende. Anders als etwa in Reval oder in Pernau, wo nach der Gründung der Republik Estland von Olev Siinmaa und anderen Architekten viel im funktionalistischen Stil gebaut wurde oder auch in Finnland, wo Architekten wie Alvar Aalto ihre bedeutendsten Bauten nach 1917 errichteten, dominieren in Riga die Bauten der ausgehenden Zarenzeit.

Ausflüge nach Europa

Ausflüge nach Europa

Lettland

Riga
Stadt des Jugendstils

Mit der Gründung der Republik Lettland erfüllte sich für die Letten zwar der Traum von einem eigenen Staat, doch in diesem Fall bedeutete dies gleichzeitig, daß das russische Hinterland wegen der neuen Grenze und wegen der Zustände in der Sowjetunion die Hafenkapazitäten Rigas praktisch nicht mehr benötigte, worunter Handel und Industrie in Riga zu leiden hatten.

Nur wenige Jahre später brachten die Auswirkungen des Zweiten Weltkriegs unendliches Leid über Riga und seine Bewohner von dem sich die Stadt erst seit der Zweiten Unabhängigkeit erholen konnte. Doch heute ist Riga wieder eine Stadt von Industrie und Handel.

Das Riga von heute hat wieder das reiche Kulturleben, um das es früher europaweit beneidet wurde, und das reiche Erbe der Stadt wird gepflegt, bewahrt und planvoll genutzt. Riga ist heute, was es immer war, eine tolle Stadt mit reicher Vergangenheit und mit reicher Zukunft

Nicht weit vom Dom (unten links) und der Altstadt (oben) ist das Ufer der Düna.

Die Düna ist in Riga so breit, daß mitten in der Stadt Speedbootrennen veranstaltet werden können.

🇩🇰 Dänemark

Louisiana
Dänemarks modernes Museum

Mit die schönste Gegend Dänemarks ist die Küste des Öresunds zwischen Kopenhagen und Helsingør. Im Laufe der Zeit entstand hier eine Kette von Villenvierteln, die in Dänemark nicht ihresgleichen hat.

Allerdings sind die meisten Häuser Privatbesitz, und wenn man nicht bei einem der Villenbesitzer eingeladen wird, kann man sich nur eine dürftige Vorstellung von der Schönheit dieser Gegend machen. Die Ausnahme von dieser Regel ist Louisiana.

Die Villa in Humlebæk am Öresund war das Haus eines dänischen Reichsjägermeisters, der dieses Haus für sich und seine insgesamt drei Ehefrauen baute, und da die Damen allesamt Louise hießen, nannte er das Anwesen Louisiana.

Der Nordosten der dänischen Hauptinsel Seeland ist voller Attraktionen. Besonders prächtig ist Schloß Frederiksborg in Hillerød (unten). Ein besonderes Schmuckstück ist die Kirche mit der Kapelle der Danebrog-Ritter (links).

Ausflüge nach Europa

Ausflüge nach Europa

Dänemark

Louisiana
Dänemarks modernes Museum

Seit nunmehr einem halben Jahrhundert befindet sich in Louisiana das bedeutendste dänische Museum für moderne Kunst. Das Projekt war so erfolgreich, daß im Laufe der Jahre immer mehr Ausstellungsräume geschaffen werden mußten. Hierbei wurde aber die größte Sorgfalt bei Planung und Ausführung aufgewandt, um den ursprünglichen Charakter von Villa und Garten zu bewahren.

Bodenbeschaffenheit und Klima lassen in diesem Teil Dänemarks Pflanzen wachsen, die man in diesen Breiten sonst nicht erwarten würde. Die Schönheit der Parks in den Villenvierteln dieser Gegend ist sehr beeindruckend, und der Park von Louisiana macht da keine Ausnahme.

Blick vom Herrenhaus auf den Garten und den Sund:

Diese Seite: Skulpturen von Henry Moore.
Folgende Seite (Mitte): Werke von Calder.

Allerdings hat keine der anderen Villen eine derartig reichhaltige Ausstattung mit modernen Kunstwerken. Am Steilhang zum Sund mit Blick auf die großen Schiffe und auf die Stadt Landskrona auf dem schwedischen Ufer steht eine riesige Skultur von Henry Moore. Auch ohne die Skulptur wäre der Blick atemberaubend, doch so ist er einzigartig.

Dänemark

Louisiana
Dänemarks modernes Museum

Die modernen Bauten sind halb in den Boden versenkt. Auf diese Weise sind sie im Garten sehr unauffällig versteckt, behalten aber ihre volle Funktionalität. Umgekehrt befindet sich so das Niveau des Gartens auf der Höhe der Fenster-bänke.

Das hat man geschickt genutzt, in-dem man beispielsweise einen Teil des Gartens unter den großen Bäu-men mit Farnen bepflanzt hat zwi-schen die man kleine Steinskulpturen gestellt hat (siehe Bild).

Auch der Blick auf den Feuerlösch-teich der Gemeinde durch eine Panora-mascheibe ist sehr beeindruckend, vor allem da man hier die Dorfszene als Hintergrund für eine Giacomettiskulptur gewählt hat (siehe rechts).

Ausflüge nach Europa

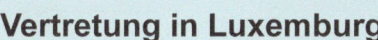 

Ausflüge nach Europa

🇩🇰 Dänemark

Louisiana
Dänemarks modernes Museum

Durch diese Gestaltung kann der Besucher die wunderbare Landschaft und den herrlichen Park bei jedem Wetter genießen, und behinderten Gästen erlaubt dies Einblicke in die Struktur von Herrenhaus und Park, die draußen

bei dem weichen Boden und den Niveauunterschieden nicht ohne weiteres möglich wären. Im Laufe der Jahre ist Louisiana zum bedeutendsten Museum für moderne Kunst in Nordeuropa herangewachsen.

Was es aber selbst über Museen wie das Museum Ludwig oder das MoMA heraushebt, ist diese einzigartige Verbindung zwischen Natur und Kunst.

Inhaltsverzeichnis

Inhaltsverzeichnis

Inhaltsverzeichnis

Inhaltsverzeichnis

Inhaltsverzeichnis

Inhaltsverzeichnis

Inhaltsverzeichnis

Inhaltsverzeichnis